KUNTERBUNT

Wörterbuch für die Grundschule
Mit Wortschatz Englisch

Erarbeitet von
Hella Michalsky
mit Unterstützung
von Ilka

Ernst Klett Grundschulverlag
Leipzig Stuttgart Düsseldorf

Inhalt

1 Tipps zum Nachschlagen 3
1.1 Wozu das Wörterverzeichnis dient 3
1.2 Wenn man ein Wort nicht finden kann 6
1.3 Wegweiser 8

2 Übungen zum Nachschlagen 9

3 Kleines Wörterbuch bis Klasse 2 15

4 Großes Wörterbuch bis Klasse 4 47

5 Regelteil 122
5.1. Sprache 122
5.2 Rechtschreiben 129
5.3 Schreiben 133

6 Englischer Wortschatz der Grundschule 135

7 Bildtafeln mit englischem Wortschatz 160

1 Tipps zum Nachschlagen

1.1 Wozu das Wörterverzeichnis dient

Du kannst im Wörterverzeichnis Wörter nachschlagen, wenn du nicht weißt oder unsicher bist, wie ein Wort geschrieben wird. Die Wörterlisten sind im ersten Teil für die Klasse 2 und die im zweiten Teil für die Klassen 3 und 4 angelegt.

Das Wörterverzeichnis hilft dir aber auch deine Sätze, Texte und Geschichten zu überarbeiten. So kannst du deine Texte oftmals verbessern, wenn du besonders treffend oder spannend schreibst. Das Wörterbuch bietet dir dafür einen umfangreichen Wortschatz an.

Im Anhang kannst du wichtige Rechtschreibhilfen, eine Zusammenfassung über alle Wort- und Satzarten und Schreibhilfen nachschlagen.

Im letzten Teil findest du den Anfangswortschatz Englisch mit deutscher Übersetzung und zehn farbige Bildtafeln zu verschiedenen Themen mit englischem Wortschatz.

1 Tipps zum Nachschlagen

Diese Angaben kannst du auf einer Seite finden:

Die Wörter oder die erste Silbe eines Wortes links oben zeigen, wie das erste und das letzte Wort auf der Seite heißt oder am Wortanfang beginnt.

Die fettgedruckten Wörter heißen Stichwörter. Sie sind nach dem Abc geordnet.

Die Umlaute ä, ö, ü werden wie a, o, u eingeordnet.

Am farbigen Seitenrand, dem Register, findest du alle Buchstaben des Alphabets untereinander geordnet. Das Register hilft dir, schneller den Anfangbuchstaben von deinem gesuchten Wort zu finden.

retten bis **Schat**ten

ret|ten
rich|tig
rie|chen, du riechst, er roch
der **Rie|se**, die Rie|sen
rie|sig, ein rie|si|ges Loch
der **Ring**, die Rin|ge
der **Rock**, die Rö|cke, der Minirock
rol|len
der **Rol|ler**, die Rol|ler
ro|sa, das rosa Heft
rot, die ro|te Rose
der **Rü|cken**, die Rü|cken
ru|fen, du rufst, er rief
ru|hig, ein ru|hi|ger Abend
rund, ein run|des Gesicht

S

die **Sa|che**, die Sa|chen
der **Sack**, die Sä|cke, der Kartoffelsack
der **Saft**, die Säf|te, der Apfelsaft
sa|gen
der **Sa|lat**, die Sa|la|te, der Tomatensalat
das **Salz**, die Sal|ze
der **Sa|men**, die Sa|men, der Blumensamen
sam|meln
der **Sams|tag**, die Sams|ta|ge
der **Sand**, die San|de, die Sandburg
san|dig, san|di|ger Boden
der **Satz**, die Sät|ze
sau|ber, ein sau|be|res Zimmer
sau|er, ein sau|rer Apfel
das **Schaf**, die Scha|fe
schaf|fen
scharf, eine schar|fe Soße
der **Schat|ten**, die Schat|ten

R
S

34

Zu jedem Stichwort kannst du die richtige Worttrennung nachschlagen. Der kleine Strich | zeigt, wo das Wort getrennt werden kann.

Wenn es zu einem Wort verschiedene Schreibweisen gibt, werden diese mit *auch* ergänzt.

1 Tipps zum Nachschlagen

Stichwörter stehen immer in der Einzahl oder Grundform, danach folgen die Mehrzahl oder gebeugte Formen. Ist das Stichwort ein Nomen (Namenwort), dann steht davor immer der dazugehörige Artikel (Begleiter). Manche Nomen (Namenwörter) kommen nur in der Einzahl vor. Dann findest du auch nur eine Form.

bezahlen bis **bloß**

B

Himmel, die Be|wöl|kung
be|zah|len
der **Bi|ber**, die Bi|ber
die **Bi|b|li|o|thek**,
die Bi|b|li|o|the|ken,
die Kinderbibliothek
bie|gen, du biegst, er bog,
er hat ge|bo|gen
die **Bie|ne**, die Bie|nen
das **Bier**, die Bie|re
das **Bild**, die Bil|der
die **Bil|dung**, die Ausbildung
bil|lig ◀ teu|er,
bil|li|ger, am bil|ligs|ten
ich **bin** ➡ sein
bin|den, du bin|dest,
er band, er hat ge|bun|den
die **Bir|ke**, die Bir|ken
die **Bir|ne**, die Bir|nen
bis
bis|her
der **Biss**, die Bis|se
biss|chen
du **bist** ➡ sein
die **Bit|te**, die Bit|ten
bit|ten, du bit|test, er bat,
er hat ge|be|ten
bit|ter, bit|te|re Mandeln
bla|sen, du bläst, er blies,
er hat ge|bla|sen
blass, blasser,
am blassesten
das **Blatt**, die Blät|ter,
das Blütenblatt
blau, dunkelblau
das **Blech**, die Ble|che
blei|ben, du bleibst, er blieb,
er ist ge|blie|ben
der **Blick**, die Bli|cke,
der Augenblick
bli|cken
blind, blind sein
der **Blin|de**, die Blin|den
blin|ken
der **Blitz**, die Blit|ze,
Blitz und Donner
blit|zen
der **Block**, die Blö|cke,
der Zeichenblock
blöd, ein blö|der Scherz
blond, hell|blon|des Haar
bloß

56

Adjektive findest du ebenfalls in der Grundform. Häufig steht es danach noch einmal in einer Wortgruppe. Im großen Wortschatz wurden häufig die Steigerungsformen ergänzt.
Bei einigen wurde ein gegensätzliches Adjektiv hinzugefügt. Dieses Zeichen ◀ weist darauf hin.

Verben stehen zuerst in der Grundform, dann folgen bei allen unregelmäßigen Verben die du-Form in der Gegenwart (Präsens) und die er-Form in der Vergangenheit (Präteritum).
Im großen Wortschatz folgt zudem die er-Form der vollendeten Gegenwart (Perfekt).

Ein Pfeil ➡ verweist auf andere Verbformen. Weißt du zum Beispiel die Grundform von „er ist“ nicht, suche es unter „i“. Hinter der Personalform erhältst du einen Verweis zur Grundform „sein“.

Bei einigen Nomen kannst du nach der Mehrzahl noch ein zusammengesetztes Nomen zum Stichwort finden.

1.2 Wenn man ein Wort nicht finden kann

Bist du dir unsicher, mit welchem Buchstaben ein Wort beginnt? Oder suchst du ein Wort, das anders geschrieben wird, als es gesprochen wird? Dann musst du unter verschiedenen Buchstaben nachschlagen:

Du hörst:	Geschrieben wird aber:	Beispiele:
ä	e	die Erde, ernst
äu	eu	euer, euch, Euro
e	ä	die Ärmel, ärgern
eu	äu	die Träume, die Häuser
f	v, pf, ph	der Vogel, pfeifen, Philipp
schp	sp	der Spaß, der Sport
scht	st	die Straße, stoßen
w	v	die Vase, der Vampir

Suchst du ein Wort in einer gebeugten Form, dann bilde die Grundform:

- die Zähne – der Zahn,
- er rannte – rennen,
- größer – groß.

Zusammengesetzte Wörter musst du in seine Wortbausteine zerlegen und einzeln nachschlagen:

- die Hausschuhe: das Haus, der Schuh,
- der Bergsteiger: der Berg, steigen,
- das Schreibheft: schreiben, das Heft.

1 Tipps zum Nachschlagen

Einige Wörter mit Vorsilbe kannst du im Wörterverzeichnis finden.

Es gibt aber auch Wörter, die im Wörterverzeichnis nur ohne Vorsilbe stehen.
Dann musst du auch getrennt nachschlagen:

- Anreise: an – die Reise,
- aufsagen: auf – sagen.

Wörter, die von einem anderen abgeleitet sind, schlägst du unter dem Wort nach, von dem es abgeleitet wurde:

- Gesang – singen,
- beschreiben – schreiben,
- herbstlich – Herbst,
- wütend – Wut.

1.3 Wegweiser

So gehst du vor, wenn du das Wort „du liest“ im kleinen Wörterbuch suchst:

1. Bilde die Grundform.
   - „lesen“.

2. Mit welchem Buchstaben beginnt das Wort?
   - „l“.

3. An welcher Stelle im Abc steht der Buchstabe „l“?
   - Es steht im Register ungefähr in der Mitte des Abc.

4. Achte auf die Wörter oder Silben links oben auf den Seiten.
   - Beginne bei „le“ zu schauen.

5. Überfliege die Wörter auf der Seite, bis du bei dem Wort „lesen“ angekommen bist.

6. Nun kannst du die gebeugte Form hinter dem dick gedruckten Stichwort abschreiben.

2 Übungen zum Nachschlagen

Zum Abc

A B C D E – Ich stehe auf und geh.

F G H I J – Zur Schule lauf ich flott.

K L M N O – Ich bin vergnügt und froh.

P Q R S T – Ich lern das Abc.

U V W X Y Z – Und jetzt ist es komplett.

1 Schreibe das Abc-Gedicht ab und lerne es auswendig.

2 Welcher Buchstabe steht nach
G H, O ■, K ■, Y ■, D ■?

3 Welcher Buchstabe steht vor
A B, ■ W, ■ H, ■ T, ■ N?

4 Welche Buchstaben stehen vor und nach
Q R S, ■ F ■, ■ Z ■, ■ U ■?

5 Welcher Buchstabe steht zwischen
K L M, N ■ P, C ■ E, X ■ Z?

6 Diese Buchstaben sind nach dem Abc geordnet:
C, D, E, B, F, G, H, I
Einer ist dabei an die falsche Stelle gerückt.
Schreibe die Buchstaben in der richtigen Reihenfolge auf.

7 Welcher Buchstabe ist falsch eingeordnet?
A, G, L, Q, I, T, W, Z
Schreibe die Buchstaben in der richtigen Reihenfolge auf.

2 Übungen zum Nachschlagen

Zum Aufsuchen von Wortanfängen im kleinen Wörterbuch

1 Auf welcher Seite stehen Wörter,
die mit D/d, I/i, S/s und U/u anfangen?
Schreibe so: D/d: Seite 19, ...

2 Suche das erste und letzte Stichwort heraus,
das mit L/l, M/m, R/r und W/w beginnt.
Schreibe so: L: lachen – lustig, ...

3 Auf welcher Seite stehen Wörter,
die mit den Buchstaben bi, fr, mo und za beginnen?
Schreibe so: bi: Seite 17, ...

4 Auf welcher Seite findest du Wörter,
die mit den Buchstaben hu, am, pf und sp beginnen?
Schreibe so: hu: Seite 25, ...

5 Wie heißt das erste Wort im Wörterverzeichnis,
das mit den Buchstaben Ra, he, schi und dr anfängt?
Schreibe so: Ra: der Rabe, ...

6 Wie heißt das letzte Wort im Wörterverzeichnis,
das mit den Buchstaben vi, co, ne, und ta anfängt?
Schreibe so: vi: vierzig, ...

Zum Aufsuchen von Wörtern im kleinen Wörterbuch

1 Auf welchen Seiten kannst du die Wörter
Hals, unter, braun und Kerze finden?
Schreibe so: der Hals: Seite 24, ...

2 Übungen zum Nachschlagen

2 Auf welchen Seiten kannst du die Wörter Kuss, Kirsche, klopfen, Kette und kaufen finden?
Schreibe so: der Kuss: Seite 28, …

3 Welches Stichwort steht vor
___ – holen, ___ – das Kino,
___ – die Mütze und ___ – die Reise?
Schreibe so: hoffentlich – holen, …

4 Welches Stichwort steht nach
die Schule – ___, der Arm – ___,
die Straße – ___ und der Indianer – ___?
Schreibe so: die Schule – die Schüler, …

5 Welche Stichwörter stehen vor und nach
___ – der Film – ___,
___ – der Arzt – ___,
___ – im – ___,
___ – der Teddy – ___?
Schreibe so: das Feuer – der Film – finden, …

6 Welches Stichwort steht zwischen
lesen – ___ – das Licht,
das Märchen – ___ – die Marmelade,
die Tür – ___ – turnen und
gelb – ___ – das Gemüse?
Schreibe so: lesen – die Leute – das Licht, …

2 Übungen zum Nachschlagen

Zur Schreibung der Wörter

1 Schlage die Wörter ZITRONE, KAUM, ALT, KANNE, MAI, SEHEN, BUS und VIEL nach!
Schreibe so: ZITRONE – die Zitrone, ...

2 Schlage die Wörter SCHREIBEN, KLASSE, FRAU, BACKEN, GANS, WOHNEN und HEFT nach!
Schreibe so: SCHREIBEN – schreiben, ...

3 Bei diesen Stichwörtern fehlen Buchstaben.
Ergänze sie.
die Wand, der Ku■■en, die Bri■■e, das Pap■■r und die Schü■■el

Zum Ordnen von Wörtern

1 Ordne die Wörter nach dem Abc.
Achte auf die Anfangsbuchstaben.
Tiger, Maus, Ziege, Esel, Uhu, Affe, Rabe

2 Ordne auch diese Wörter nach dem Abc.
Achte wieder auf die Anfangsbuchstaben.
Ball, Schiff, Indianer, Puppe, Drachen, Auto

3 Ordne die Wörter nach dem Abc.
Achte besonders auf die zweiten Buchstaben.
Kohl, Kartoffeln, Kekse, Kiwi, Kuchen

2 Übungen zum Nachschlagen

4 Ordne die Wörter nach dem Abc.
Achte wieder besonders auf die zweiten Buchstaben.
Hase, Hose, Hund, Heft, Holz

5 Ordne die Namen deiner Freunde nach dem Abc.

6 Schreibe fünf Wörter auf.
Lass sie von deinem Nachbarn nach dem Abc ordnen.

Zu den Wortarten

1 Schlage die Wörter nach. Ergänze die Mehrzahl.
die Lippe, die Bahn, das Auto, das Haus, der Schrank, der Reis
Schreibe so: die Lippe – die Lippen, …

2 Schlage die Wörter nach. Ergänze die Einzahl.
die Tage, die Drachen, die Inseln, die Lichter, die Gläser, die Babys
Schreibe so: die Drachen – der Drachen, …

3 Schlage die Trennungen der Wörter alle, das Flugzeug, der Ofen, singen, die Tasche und verstecken nach.
Schreibe so: alle – al|le, …

4 Schlage die Verben (Tunwörter) nach. Schreibe die du-Form auf.
Unterstreiche, was sich verändert.
essen, gewinnen, reiben, schlafen, sitzen, treten
Schreibe so: essen – du isst, …

5 Bilde zur gebeugten Form die Grundform.
Unterstreiche, was sich verändert hat.
du fällst, du misst, du liest, du triffst, du wirfst
Schreibe so: du fällst – fallen, ...

6 Schlage die Verben (Tunwörter) in der er-Form in der Vergangenheit nach. Unterstreiche, was sich verändert.
heben, lesen, pfeifen, rufen, trinken, wissen
Schreibe so: heben – er hob, ...

7 Schlage zur gebeugten Vergangenheitsform die Grundform nach.
er fuhr, er ging, er half, er ließ, er nahm, er schwamm
Unterstreiche, was sich verändert.
Schreibe so: er fuhr – fahren, ...

8 Zerlege die Wörter in Wortbausteine und schlage diese nach.
der Vogelkäfig, der Schulhof, abholen, himmelblau
Schreibe so:
der Vogelkäfig: der Vogel – Seite 42, der Käfig – Seite 26, ...

3 Kleines Wörterbuch bis Klasse 2

A

ab

der **A|bend**, die A|ben|de

a|bends, abends lesen

a|ber

acht

acht|zig

der **Af|fe**, die Af|fen

al|le, alle Schüler

al|lein, Ich bin allein.

al|les

als

alt, eine al|te Stadt

am

die **Am|pel**, die Am|peln

die **Am|sel**, die Am|seln

an

die **A|na|nas**

an|de|re, auch and|re

die **Angst**, die Ängs|te, Angst haben, Angsthase

ängst|lich, ein ängstli|ches Kind

die **Ant|wort**, die Ant|wor|ten

ant|wor|ten

der **Ap|fel**, die Äp|fel

die **Ap|fel|si|ne**, die Ap|fel|si|nen

der **A|p|ril**, im April

ar|bei|ten

der **Arm**, die Ar|me

der **Arzt**, die Ärz|te

der **Ast**, die Äs|te

auch

auf

die **Auf|ga|be**, die Auf|ga|ben, die Hausaufgaben

das **Au|ge**, die Au|gen

der **Au|gust**, im August

aus, aus dem Haus

das **Au|to**, die Au|tos, das Rennauto

der **Au|tor**, die Au|to|ren

B

das **Ba|by**, die Ba|bys

ba|cken, du backst oder du bäckst,

er backte oder er buk
das **Bad**, die Bä|der,
das Schwimmbad
ba|den
die **Bahn**, die Bah|nen,
die Straßenbahn
bald, Bald sind Ferien.
der **Ball**, die Bäl|le
die **Ba|na|ne**,
die Ba|na|nen
die **Bank**, die Bän|ke
der **Bär**, die Bä|ren,
der Teddybär
bas|teln
der **Bauch**, die Bäu|che
bau|en
der **Bau|er**, die Bau|ern
der **Baum**, die Bäu|me,
der Laubbaum
bei, Ich bin bei dir.
bei|de
das **Bein**, die Bei|ne
bei|ßen, du beißt,
er biss
be|kom|men,
du be|kommst,
er be|kam
bel|len
der **Berg**, die Ber|ge
der **Be|ruf**, die Be|ru|fe
be|su|chen,
Ich besuche die
Großeltern.
das **Bett**, die Bet|ten,
das Kinderbett
die **Beu|le**, die Beu|len
be|we|gen,
Ich bewege die Hand.
be|we|gen,
sich bewegen
be|zah|len
die **Bie|ne**, die Bie|nen
das **Bild**, die Bil|der
bin, ich bin ➡ sein
die **Bir|ne**, die Bir|nen
bis
bist, du bist ➡ sein
die **Bit|te**, die Bit|ten
bit|ten, du bit|test,
er bat
das **Blatt**, die Blät|ter,
das Laubblatt

blau, blau|er Himmel
blei|ben, du bleibst, er blieb
blit|zen
blond, blon|des Haar
blü|hen
die **Blu|me**, die Blu|men, die Sonnenblume
die **Blu|se**, die Blu|sen
die **Blü|te**, die Blü|ten
der **Bo|den**, die Bö|den
die **Boh|ne**, die Boh|nen
das **Boot**, die Boo|te
bö|se, ein bö|ser Traum
bo|xen
brau|chen
braun, brau|ne Augen
breit, eine brei|te Straße
brem|sen
bren|nen, es brennt, es brann|te
der **Brief**, die Brie|fe
die **Bril|le**, die Bril|len
brin|gen, du bringst, er brach|te
das **Brot**, die Bro|te
das **Bröt|chen**, die Bröt|chen
der **Bru|der**, die Brü|der
brül|len
brum|men
das **Buch**, die Bü|cher, das Märchenbuch
bunt, ein bun|tes Kleid
der **Bus**, die Bus|se, der Schulbus
der **Busch**, die Bü|sche
die **But|ter**

C

der **Cent**, die Cents, aber die 20 Cent
die **Chips**, die Kartoffelchips
der **Clown**, die Clowns
der **Co|mic**, die Co|mics
der **Com|pu|ter**, die Com|pu|ter
der **Cou|sin**, die Cou|sins, Ich fahre zu meinem Cousin.

die **Cou|si|ne**,
die Cou|si|nen,
auch Ku|si|ne,
Ku|si|nen

D

da

da|bei

das **Dach**, die Dä|cher

da|für

da|nach

dan|ken

dann

das, das Haus

der **Dau|men**, die Dau|men

die **De|cke**, die De|cken,
die Tischdecke

de|cken

dein, dei|ne Tasche

dem

den

den|ken, du denkst,
er dach|te

denn

der, der Baum

des|halb

der **De|zem|ber**,
im Dezember

dich

dick, ein di|cker Stift

die, die Hose

der **Diens|tag**,
die Diens|ta|ge

dies, die|se Bausteine

der **Di|no|sau|ri|er**,
die Di|no|sau|ri|er

dir

doch

don|nern

der **Don|ners|tag**,
die Don|ners|ta|ge

dort

das **Dorf**, die Dör|fer

die **Do|se**, die Do|sen

der **Dra|chen**, die Dra|chen

drau|ßen,
draußen toben

der **Dreck**

dre|ckig,
dre|cki|ge Hände

drei

drei|ßig
drei|zehn
drü|cken
du
dumm
dun|kel, eine dunkle Wolke
dünn, eine dün|ne Jacke
durch
dür|fen, du darfst, er durf|te
der **Durst**

E

die **E|cke**, die E|cken
das **Ei**, die Ei|er
der **Ei|mer**, die Ei|mer, der Wassereimer
ein, ei|ne Rose
ein|fach
ei|ni|ge, einige Stunden
ein|mal
eins
das **Eis**, das Softeis
elf
die **El|tern**
das **En|de**, die En|den, zu Ende
end|lich
eng, eine en|ge Gasse
die **En|te**, die En|ten
er
die **Erd|bee|re**, die Erd|bee|ren
die **Er|de**
er|klä|ren
er|lau|ben
erst, erst gestern
der **Er|wach|se|ne**, die Er|wach|se|nen
er|zäh|len
es
der **E|sel**, die E|sel
es|sen, du isst, er aß
et|was
euch
eu|er, euer Garten, eu|re Freunde
die **Eu|le**, die Eu|len

der **Eu|ro**, die Eu|ros, aber die 20 Eu|ro

F

die **Fah|ne**, die Fah|nen

fah|ren, du fährst, er fuhr

der **Fah|rer**, die Fah|rer, der Radfahrer

das **Fahr|rad**, die Fahr|räder, Fahrrad fahren

das **Fahr|zeug**, die Fahr|zeu|ge

fal|len, du fällst, er fiel

falsch, fal|sche Lösung

die **Fa|mi|lie**, die Fa|mi|li|en

fan|gen, du fängst, er fing

der **Fa|sching**, die Fa|schin|ge oder die Fa|schings

fast

der **Fe|b|ru|ar**, im Februar

die **Fe|der**, die Fe|dern

die **Fee**, die Fe|en

feh|len

der **Feh|ler**, die Feh|ler

die **Fei|er**, die Fei|ern

fei|ern

fein, fei|nes Haar

das **Feld**, die Fel|der

das **Fens|ter**, die Fens|ter

die **Fe|ri|en**, die Herbstferien

fern|se|hen, du siehst fern, er sah fern

der **Fern|se|her**, die Fern|se|her

fer|tig

das **Fest**, die Fes|te

fest, fes|te Schuhe, fest zubinden

das **Feu|er**, die Feu|er, die Feuerwehr

der **Film**, die Fil|me, Trickfilm

fin|den, du fin|dest, er fand

der **Fin|ger**, die Fin|ger,

der Zeigefinger
der **Fisch**, die Fi|sche, der Goldfisch
fix
flach, ein fla|ches Gewässer
die **Fla|sche**, die Fla|schen, die Milchflasche
das **Fleisch**, das Schweinefleisch
die **Flie|ge**, die Flie|gen
flie|gen, du fliegst, er flog
flie|ßen, es fließt, es floss
der **Floh**, die Flö|he
der **Flü|gel**, die Flü|gel
das **Flug|zeug**, die Flug|zeu|ge
flüs|sig, flüssige Butter
flüs|tern
fol|gen
das **Fo|to**, die Fo|tos
fort
die **Fra|ge**, die Fra|gen
fra|gen
die **Frau**, die Frau|en
frech, ein fre|cher Witz
der **Frei|tag**, die Frei|ta|ge
fremd, eine frem|de Stadt
fres|sen, du frisst, er fraß
die **Freu|de**, die Freu|den
freu|en, sich freu|en
der **Freund**, die Freun|de
die **Freun|din**, die Freun|din|nen
freund|lich, ein freundliches Gesicht
der **Frie|den**
frie|ren, du frierst, er fror
frisch, fri|sches Gemüse
froh, fro|he Ostern
der **Frosch**, die Frö|sche, der Laubfrosch
die **Frucht**, die Früch|te
früh, früh aufstehen

frü|her,
früher und heute
der **Früh|ling**
füh|len
fül|len
der **Fül|ler**, die Fül|ler
fünf
fünf|zig
fünf|zehn
für
der **Fuß**, die Fü|ße,
der Fußball

G

die **Ga|bel**, die Ga|beln
die **Gans**, die Gän|se
ganz
der **Gar|ten**, die Gär|ten
der **Gast**, die Gäs|te
ge|ben, du gibst,
er gab
der **Ge|burts|tag**,
die Ge|burts|ta|ge
das **Ge|dicht**, die Ge|dich|te
ge|hen, du gehst,
er ging
gelb, die gel|be Sonne
das **Geld**, die Gel|der
das **Ge|mü|se**,
die Ge|mü|se
ge|nau, genau messen
ge|ra|de,
eine gerade Linie
gern, auch ger|ne,
Ich esse gern Kuchen.
das **Ge|schenk**,
die Ge|schen|ke,
das Weihnachts-
geschenk
die **Ge|schich|te**,
die Ge|schich|ten
das **Ge|sicht**,
die Ge|sich|ter
das **Ge|spenst**,
die Ge|spens|ter
ges|tern,
gestern Abend
ge|sund, eine
ge|sun|de Ernährung
ge|win|nen,
du ge|winnst,

er gewann

giftig, giftige Pilze

das **Glas**, die Gläser, das Saftglas

glatt, eine glatte Straße

gleich

das **Glück**

glücklich, ein glücklicher Gewinner

der **Goldhamster**, die Goldhamster

das **Gras**, die Gräser

grau, ein grauer LKW

greifen, du greifst, er griff

groß, ein großes Haus

die **Großeltern**

die **Großmutter**, die Großmütter

der **Großvater**, die Großväter

grün, das grüne Blatt

die **Gruppe**, die Gruppen

der **Gruß**, die Grüße, die Geburtstagsgrüße

grüßen

gucken, auch kucken

die **Gurke**, die Gurken

der **Gürtel**, die Gürtel

gut

H

das **Haar**, die Haare

haben, du hast, er hatte

der **Hals**, die Hälse

halten, du hältst, er hielt

der **Hammer**, die Hämmer

die **Hand**, die Hände

hängen, du hängst, er hing

hart, ein harter Stuhl

der **Hase**, die Hasen

hässlich, das hässliche Entlein

hast, du hast ➡ haben

hat, er hat ➡ haben

das **Haus**, die Häu|ser,
das Hochhaus
die **Haut**, die Häu|te
he|ben, du hebst,
er hob
die **He|cke**, die He|cken
das **Heft**, die Hef|te,
das Schreibheft
heiß, die hei|ße Milch
hei|ßen, du heißt,
er hieß
hel|fen, du hilfst,
er half
hell, ein hel|ler Raum
das **Hemd**, die Hem|den,
das Unterhemd
her
he|r|aus,
herausgehen
he|r|ein,
hereinkommen
der **Herbst**
der **Herr**, die Her|ren
das **Herz**, die Her|zen
heu|len
heu|te, heute Mittag
die **He|xe**, die He|xen
hier
die **Hil|fe**, die Hil|fen
der **Him|mel**
hin
hi|n|aus
hi|n|ein
hin|ten, hinten im Hof
hin|ter,
hinter dem Haus
hoch
der **Hof**, die Hö|fe,
der Bauernhof
hof|fent|lich
ho|len
das **Holz**, die Höl|zer,
die Streichhölzer
hö|ren
der **Hort**, die Hor|te
die **Ho|se**, die Ho|sen,
die Unterhose
hübsch,
eine hüb|sche Puppe
das **Huhn**, die Hüh|ner
der **Hund**, die Hun|de
hun|dert

H

der **Hun|ger**
hüp|fen
der **Hut**, die Hü|te

I

ich
der **I|gel**, die I|gel
ihm, bei ihm zu Hause
ihn, ihn besuchen
ih|nen, ihnen winken
ihr, ih|re Schwester
im, im Garten
im|mer
in, in der Küche
der **In|di|a|ner**, die In|di|a|ner
in|nen
ins, ins Zimmer gehen, auch in das Zimmer gehen
die **In|sel**, die In|seln
ist, er ist ➡ sein

J

ja
die **Ja|cke**, die Ja|cken
das **Jahr**, die Jah|re
der **Ja|nu|ar**, im Januar
je|de, jede Frau
je|der, jeder Mann
je|des, jedes Kind
je|mand, jemandem helfen
jetzt
der **Jo|ghurt**, die Jo|ghurts, auch der Jo|gurt, die Jo|gurts
der **Ju|li**, im Juli
jung, ein jun|ger Baum
der **Jun|ge**, die Jun|gen
der **Ju|ni**, im Juni

K

der **Kä|fer**, die Kä|fer, der Marienkäfer
der **Kä|fig**, die Kä|fi|ge, der Vogelkäfig
der **Ka|len|der**,

die Ka|len|der
kalt, kal|tes Wasser
die **Käl|te**
das **Ka|mel**, die Ka|me|le
der **Kamm**, die Käm|me
käm|men,
sich kämmen,
Ich kämme mir die
Haare.
das **Ka|nin|chen**,
die Ka|nin|chen
die **Kan|ne**, die Kan|nen,
die Teekanne
ka|putt,
die ka|put|te Tasse
die **Kar|te**, die Kar|ten
die **Kas|se**, die Kas|sen
die **Kas|ta|nie**,
die Kas|ta|ni|en
der **Kas|ten**, die Käs|ten
der **Ka|ter**, die Ka|ter
die **Kat|ze**, die Kat|zen
kau|fen
kein, kein Glück haben
der **Kel|ler**, die Kel|ler
ken|nen, du kennst,
er kann|te
die **Ker|ze**, die Ker|zen
die **Ket|te**, die Ket|ten
das **Kind**, die Kin|der
das **Ki|no**, die Ki|nos
kip|pen
die **Kir|sche**, die Kir|schen
die **Ki|wi**, die Ki|wis
klar, kla|re Antworten
die **Klas|se**, die Klas|sen
kle|ben
das **Kleid**, die Klei|der,
das Puppenkleid
klein, ein klei|ner Tisch
klet|tern
klin|geln
klop|fen
das **Knie**, die Knie
der **Koch**, die Kö|che
ko|chen
der **Kof|fer**, die Kof|fer
kom|men, du kommst,
er kam
der **Kö|nig**, die Kö|ni|ge
die **Kö|ni|gin**,
die Kö|ni|gin|nen

kön|nen, du kannst, er konn|te
der **Kopf**, die Köp|fe
der **Korb**, die Kör|be, der Brotkorb
der **Kör|per**, die Kör|per
kos|ten
krank, ein kran|kes Tier
das **Kran|ken|haus**, die Kran|ken|häu|ser
krat|zen, Er kratzt den Topf aus.
krat|zen, sich kratzen, Er kratzt sich am Kopf.
das **Kraut**, die Kräu|ter
der **Kreis**, die Krei|se
krie|chen, du kriechst, er kroch
das **Kro|ko|dil**, die Kro|ko|di|le
die **Kü|che**, die Kü|chen
der **Ku|chen**, die Ku|chen, der Nusskuchen
die **Kuh**, die Kü|he
kurz, eine kur|ze Hose
die **Ku|si|ne**, die Ku|si|nen, auch die Cou|si|ne, die Cou|si|nen
der **Kuss**, die Küs|se
küs|sen

L

la|chen
der **La|den**, die Lä|den
das **Lamm**, die Läm|mer
die **Lam|pe**, die Lam|pen
lang, eine lan|ger Tag
lang|sam, langsam laufen
las|sen, du lässt, er ließ
lau|fen, du läufst, er lief
laut, lau|te Musik
le|ben
le|cker, le|cke|res Eis
leer, ein lee|res Glas
le|gen, du legst, er lag
der **Leh|rer**, die Leh|rer
die **Leh|re|rin**,

die Leh|re|rin|nen
leicht,
eine leich|te Aufgabe
lei|der
lei|se, eine lei|ses Auto
die **Lei|ter**, die Lei|tern
ler|nen
le|sen, du liest, er las
die **Leu|te**
das **Licht**, die Lich|ter
lieb, eine lie|be
Krankenschwester
lie|ben
das **Lied**, die Lie|der
lie|gen, du liegst,
er lag
li|la, die lila Blume
die **Li|mo|na|de**,
die Li|mo|na|den
das **Li|ne|al**, die Li|ne|a|le
links, nach links gehen
die **Lip|pe**, die Lip|pen
das **Loch**, die Lö|cher
der **Löf|fel**, die Löf|fel,
der Kochlöffel
los
das **Los**, die Lo|se
der **Lö|we**, die Lö|wen
die **Luft**, die Lüf|te
lus|tig,
ein lus|ti|ges Lied

M

ma|chen
das **Mäd|chen**,
die Mäd|chen
der **Mai**, im Mai
ma|len
die **Ma|ma**, die Ma|mas
man, man kocht
manch|mal
der **Mann**, die Män|ner
der **Man|tel**, die Män|tel,
der Wintermantel
das **Mär|chen**, die Mär|chen
die **Mar|ke**, die Mar|ken
die **Mar|me|la|de**,
die Mar|me|la|den
der **März**, im März
die **Maus**, die Mäu|se
das **Meer**, die Mee|re

das **Meer|schwein|chen**,
die Meer|schwein|chen
das **Mehl**
mehr
mein, mei|ne Tante
mei|nen
die **Mei|se**, die Mei|sen
die **Me|lo|ne**,
die Me|lo|nen,
die Honigmelone
der **Mensch**,
die Men|schen
mer|ken
mes|sen, du misst,
er maß
das **Mes|ser**, die Mes|ser,
das Küchenmesser
der **Me|ter**, die Me|ter
mich, Du siehst mich.
die **Milch**
die **Mi|nu|te**, die Mi|nu|ten
mir, Mir geht es gut.
mit, mit Sahne
der **Mit|tag**, die Mit|tage
die **Mit|te**, die Mit|ten
der **Mitt|woch**,
die Mitt|wo|che
der **Mi|xer**, die Mi|xer
mö|gen, du magst,
er moch|te
der **Mo|nat**, die Mo|na|te
der **Mond**, die Mon|de
das **Mons|ter**, die Mons|ter
der **Mon|tag**, die Mon|ta|ge
mor|gen,
morgen Abend
der **Mor|gen**, am Morgen
mü|de,
ein mü|des Baby
der **Müll**
der **Mund**, die Mün|der
die **Mu|sik**, die Mu|si|ken,
die Popmusik
müs|sen
der **Mut**
mu|tig, Ich bin mutig.
die **Mut|ter**, die Müt|ter
die **Müt|ze**, die Müt|zen,
die Pudelmütze

M

N

nach, nach Hause, nach dem Essen
der **Nach|mit|tag**, die Nach|mit|ta|ge
nächst, die nächs|ten Ferien
die **Nacht**, die Näch|te
nachts, nachts aufwachen
die **Na|del**, die Na|deln, die Stricknadel
der **Na|gel**, die Nä|gel
nah, nah am Fenster sitzen
der **Na|me**, die Na|men
na|schen
die **Na|se**, die Na|sen
nass, nas|se Straßen
der **Ne|bel**, die Ne|bel
ne|ben, neben dem Schrank
neh|men, du nimmst, er nahm
nein
nen|nen, du nennst, er nann|te
das **Nest**, die Nes|ter
nett, ein net|ter Mensch
neu, ein neu|es Haus
neun
neun|zehn
neun|zig
nicht
nichts
nie
der **Ni|ko|laus**
noch
der **No|vem|ber**, im November
die **Nu|del**, die Nu|deln
nun
nur
die **Nuss**, die Nüs|se

O

ob
o|ben
das **Obst**
o|der

der **O|fen**, die Ö|fen
of|fen
oft
oh|ne, ohne Mütze
das **Ohr**, die Oh|ren
der **Ok|to|ber**, im Oktober
die **O|ma**, die O|mas
der **On|kel**, die On|kel
der **O|pa**, die O|pas
o|ran|ge, die orange Blüte
ord|nen
der **Ort**, die Or|te
das **Os|tern**, fröhliche Ostern

P

paar, ein paar Briefe
das **Paar**, ein Paar Strümpfe
pa|cken
der **Pa|pa**, die Pa|pas
das **Pa|pier**, die Pa|pie|re, das Buntpapier
die **Pap|pe**, die Pap|pen
pas|sen
die **Pau|se**, die Pau|sen
pfei|fen, du pfeifst, er pfiff
das **Pferd**, die Pfer|de
die **Pflan|ze**, die Pflan|zen
pflan|zen
pfle|gen
pflü|cken
die **Pfüt|ze**, die Pfüt|zen
der **Pilz**, die Pil|ze
pink, ein pin|ker Schal
der **Pin|sel**, die Pin|sel
die **Piz|za**, die Piz|zen oder die Piz|zas
plötz|lich
der **Plan**, die Plä|ne, der Fahrplan
der **Platz**, die Plät|ze, der Parkplatz
der **Po**, die Pos, auch der Po|po, die Po|pos
die **Po|li|zei**
die **Pom|mes**, auch die Pommes frites
das **Po|ny**, die Po|nys
die **Post**, die Post holen

der **Preis**, die Prei|se,
der Sonderpreis
pri|ma
der **Prinz**, die Prin|zen
die **Prin|zes|sin**,
die Prin|zes|sin|nen
prü|fen
der **Pul|li**, die Pul|lis
der **Pul|lo|ver**, die Pul|lo|ver
die **Pup|pe**, die Pup|pen
put|zen

Qu

das **Quad|rat**,
die Quad|ra|te
qua|ken
die **Qual|le**, die Qual|len
der **Quark**,
der Quarkkuchen
quat|schen
quer, die Querstraße
quiet|schen

R

der **Ra|be**, die Ra|ben
das **Rad**, die Rä|der
das **Ra|di|o**, die Ra|di|os
ra|sen
ra|ten, du rätst, er riet
der **Räu|ber**, die Räu|ber
die **Rau|pe**, die Rau|pen
rech|nen
rechts,
nach rechts sehen
re|den
der **Re|gen**
reg|nen
rei|ben, du reibst,
er rieb
reich,
ein rei|cher König
die **Rei|he**, die Rei|hen
der **Reis**, der Milchreis
die **Rei|se**, die Rei|sen
rei|sen
rei|ten, du rei|test,
er ritt
ren|nen, du rennst,
er rann|te

ret|ten
rich|tig
rie|chen, du riechst, er roch
der **Rie|se**, die Rie|sen
rie|sig, ein rie|si|ges Loch
der **Ring**, die Rin|ge
der **Rock**, die Rö|cke, der Minirock
rol|len
der **Rol|ler**, die Rol|ler
ro|sa, das rosa Heft
rot, die ro|te Rose
der **Rü|cken**, die Rü|cken
ru|fen, du rufst, er rief
ru|hig, ein ru|hi|ger Abend
rund, ein run|des Gesicht

S

die **Sa|che**, die Sa|chen
der **Sack**, die Sä|cke, der Kartoffelsack
der **Saft**, die Säf|te, der Apfelsaft
sa|gen
der **Sa|lat**, die Sa|la|te, der Tomatensalat
das **Salz**, die Sal|ze
der **Sa|men**, die Sa|men, der Blumensamen
sam|meln
der **Sams|tag**, die Sams|ta|ge
der **Sand**, die San|de, die Sandburg
san|dig, san|di|ger Boden
der **Satz**, die Sät|ze
sau|ber, ein sau|be|res Zimmer
sau|er, ein sau|rer Apfel
das **Schaf**, die Scha|fe
schaf|fen
scharf, eine schar|fe Soße
der **Schat|ten**, die Schat|ten

R S

schau|en
schei|nen, sie scheint, sie schien
schen|ken
die **Sche|re**, die Sche|ren
schi|cken
schie|ben, du schiebst, er schob
schief, ein schie|fer Turm
das **Schiff**, die Schif|fe
das **Schild**, die Schil|der, das Verkehrsschild
schla|fen, du schläfst, er schlief
schla|gen, du schlägst, er schlug
schlecht, schlech|tes Wetter
schlimm, ein schlim|mer Unfall
der **Schlit|ten**, die Schlit|ten
das **Schloss**, die Schlös|ser
der **Schlüs|sel**, die Schlüs|sel, der Zimmerschlüssel
schme|cken
der **Schmet|ter|ling**, die Schmet|ter|lin|ge
schmin|ken, sich schminken, Sie schminkt sich.
schmü|cken
schmut|zig, die schmut|zi|ge Jacke
der **Schnee**, die Schneebälle
schnei|den, du schnei|dest, er schnitt
schnei|en
schnell, ein schnel|ler Zug
die **Scho|ko|la|de**, die Scho|ko|la|den
schon
schön, ein schö|nes Buch
der **Schrank**, die Schrän|ke, der Kleiderschrank

S

der **Schreck**,
auch der Schre|cken,
die Schre|cken
schrei|ben,
du schreibst, er schrieb
schrei|en, du schreist,
er schrie
die **Schrift**, die Schrif|ten
der **Schuh**, die Schu|he,
die Turnschuhe
die **Schu|le**, die Schu|len,
der Schulbus,
die Schulbusse
der **Schü|ler**, die Schü|ler
die **Schü|le|rin**,
die Schü|le|rin|nen
der **Schul|lei|ter**,
die Schul|lei|ter
die **Schul|lei|te|rin**,
die Schul|lei|te|rin|nen
die **Schüs|sel**,
die Schüs|seln,
die Salatschüssel
der **Schwamm**,
die Schwäm|me
der **Schwanz**,
die Schwän|ze
schwarz,
der schwar|ze Hut
das **Schwein**,
die Schwei|ne,
das Hausschwein
schwer,
eine schwe|re Tasche
die **Schwes|ter**,
die Schwes|tern,
die Krankenschwester
schwim|men,
du schwimmst,
er schwamm
sechs
sech|zehn
sech|zig
der **See**, die Se|en
se|hen, du siehst,
er sah
sehr, jemanden sehr
gern haben
seid, ihr seid ➡ sein
die **Sei|fe**, die Sei|fen
das **Seil**, die Sei|le,
das Springseil

sein, sei|ne Karten
sein, ich bin, du bist, er ist, wir sind, ihr seid, sie sind
seit, seit gestern
die **Sei|te**, die Sei|ten, die Heftseite
die **Se|kun|de**, die Se|kun|den
selbst, selbst backen, auch sel|ber
sel|ten, ein sel|te|ner Vogel
der **Sep|tem|ber**, im September
set|zen, sich set|zen, Sie setzt den Teddy auf das Bett.
sich, sich freuen
si|cher
sie
sie|ben, sieben Wochentage
sieb|zehn
sieb|zig
sind, wir sind ➡ sein
sin|gen, du singst, er sang
sit|zen, du sitzt, er saß
so
so|fort
der **Sohn**, die Söh|ne
sol|len
der **Som|mer**, die Som|mer
son|dern
der **Sonn|a|b|end**, die Sonn|a|b|en|de
die **Son|ne**, die Son|nen, der Sonnenschein
son|nig, ein son|ni|ger Tag
der **Sonn|tag**, die Sonn|ta|ge
die **Spa|ghet|ti**, auch die Spa|get|ti
span|nend, ein span|nen|der Film
spa|ren
der **Spaß**, die Spä|ße
spät, spä|ter kommen
der **Spatz**, die Spat|zen
spa|zie|ren,

S

spa|zie|ren ge|hen, Ich spaziere durch den Park.

der **Specht**, die Spech|te

sper|ren

der **Spie|gel**, die Spie|gel

das **Spiel**, die Spie|le, das Würfelspiel

spie|len

die **Spin|ne**, die Spin|nen

spitz, ein spit|zer Bleistift

der **Sport**

spre|chen, du sprichst, er sprach

sprin|gen, du springst, er sprang

die **Sta|chel**, die Sta|cheln

die **Stadt**, die Städ|te, die Großstadt

die **Stan|ge**, die Stan|gen, die Kletterstange

der **Stän|gel**, die Stän|gel

stark, ein star|ker Wind

stau|nen

ste|cken

ste|hen, du stehst, er stand

stei|gen, du steigst, er stieg

der **Stein**, die Stei|ne, die Pflastersteine

die **Stel|le**, die Stel|len

stel|len

der **Stern**, die Ster|ne

der **Stie|fel**, die Stie|fel, die Gummistiefel

der **Stift**, die Stif|te, der Buntstift

still, ein stil|les Kind

der **Stock**, die Stö|cke

der **Stoff**, die Stof|fe

stolz, eine stol|zer Mensch

stö|ren

die **Stra|ße**, die Stra|ßen, die Hauptstraße

der **Strauch**, die Sträu|cher

strei|cheln

strei|ten, du strei|test, er stritt, sich strei|ten,

du strei|test dich,
er stritt sich
der **Strich**, die Stri|che,
der Bleistiftstrich
der **Strumpf**, die Strümp|fe
das **Stück**, die Stü|cke
der **Stuhl**, die Stüh|le,
der Schaukelstuhl
die **Stun|de**, die Stun|den
der **Sturm**, die Stür|me
su|chen
sum|men
die **Sup|pe**, die Sup|pen,
die Nudelsuppe
süß, sü|ße Kekse

T

die **Ta|fel**, die Ta|feln
der **Tag**, die Ta|ge,
der Feiertag
die **Tan|ne**, die Tan|nen
die **Tan|te**, die Tan|ten
tan|zen
die **Ta|sche**, die Ta|schen,
die Handtasche
die **Tas|se**, die Tas|sen,
die Teetasse
die **Tau|be**, die Tau|ben
das **Ta|xi**, die Ta|xis
der **Ted|dy**, die Ted|dys
der **Tee**, die Tees
der **Teil**, die Tei|le
tei|len
das **Te|le|fon**, die Te|le|fo|ne
te|le|fo|nie|ren
der **Tel|ler**, die Tel|ler
die **Tem|pe|ra|tur**,
die Tem|pe|ra|tu|ren
teu|er,
ein teu|res Fahrrad
das **Ther|mo|me|ter**,
die Ther|mo|me|ter
tief, ein tie|fer See
das **Tier**, die Tie|re,
die Zootiere
der **Ti|ger**, die Ti|ger
der **Ti|sch**, die Ti|sche,
der Schreibtisch
der **Ti|tel**, die Ti|tel
to|ben
die **Toch|ter**, die Töch|ter

toll, tol|le Ferien,
Meine Mutti ist toll.

die **To|ma|te**, die To|ma|ten

der **Topf**, die Töp|fe

das **Tor**, die To|re,
die Fußballtore

die **Tor|te**, die Tor|ten,
die Obsttorte

tot, der to|te Ast

tra|gen, du trägst,
er trug

die **Trau|be**, die Trau|ben,
die Weintraube

der **Traum**, die Träu|me

träu|men

trau|rig,
ein trau|ri|ges Erlebnis

tref|fen, du triffst,
er traf

tref|fen, sich tref|fen,
du triffst dich,
er traf sich,
Ich treffe mich mit dir.

die **Trep|pe**, die Trep|pen

tre|ten, du trittst,
er trat

trin|ken, du trinkst,
er trank

tro|cken,
ein tro|cke|nes Tuch

das **T-Shirt**,
das neue T-Shirt

das **Tuch**, die Tü|cher,
das Kopftuch

die **Tul|pe**, die Tul|pen

die **Tür**, die Tü|ren,
die Haustür

der **Turm**, die Tür|me,
der Kirchturm

tur|nen

die **Tü|te**, die Tü|ten,
die Zuckertüte

U

ü|ben

ü|ber

ü|ber|all

ü|ber|ho|len

die **Ü|bung**, die Ü|bun|gen

das **U|fer**, die U|fer

die **Uhr**, die Uh|ren,

die Armbanduhr
der **Uhu**, die Uhus
um
umarmen,
Ich umarme ihn.
und
der **Unfall**, die Unfälle
das **Unglück**,
die Unglücke
unheimlich,
eine unheimliche
Nacht
uns
unser, unsere, auch
unsre,
unsere Wohnung
unten
unter
unterhalten,
sich unterhalten,
du unterhältst dich,
er unterhielt sich
der **Unterricht**,
der Sportunterricht
der **Urlaub**, die Urlaube,
der Sommerurlaub

V

der **Vater**, die Väter
verabreden
vergessen,
du vergisst, er vergaß
vergesslich, ein
vergesslicher Schüler
verkaufen
der **Verkehr**,
der Straßenverkehr
verkleiden,
sich verkleiden
verlieren,
du verlierst, er verlor
verstecken,
sich verstecken,
etwas verstecken,
Ich verstecke
das Geschenk.
verstehen,
du verstehst,
er verstand
versuchen
viel, viele Blumen
vielleicht
vier

U
V

vier|zehn
vier|zig
der **Vo|gel**, die Vö|gel
voll, ein vol|les Heft
vom
von
vor
vor|bei
der **Vor|mit|tag**, die Vor|mit|ta|ge
vorn, auch vor|ne, vorn sitzen
vor|sich|tig, vorsichtig sein

W

wach, wach sein
wa|chen
wach|sen, du wächst, er wuchs
die **Waf|fel**, die Waf|feln
der **Wa|gen**, die Wa|gen
wäh|len
der **Wald**, die Wäl|der, der Nadelwald
die **Wand**, die Wän|de, die Kletterwand
wan|dern
wann
war, ich war ➡ sein
wa|ren, wir wa|ren, sie wa|ren ➡ sein
warm, ein war|mer Pullover
die **Wär|me**
warst, du warst ➡ sein
wart, ihr wart ➡ sein
war|ten
wa|r|um
was
wa|schen, sich waschen, du wäschst, er wusch
das **Was|ser**, das Badewasser
der **We|cker**, die We|cker
der **Weg**, die We|ge
weg
weich, wei|che Wolle
die **Weih|nacht**
das **Weih|nach|ten**

V
W

weil,
Ich lese, weil es Spaß macht.
wei|nen
weiß, ein wei|ßes Blatt
weit, eine wei|te Hose
wei|ter,
Wir laufen weiter.
wel|che, wel|cher, welches, welche Jacke
die **Wel|le**, die Wel|len, die Flutwelle
die **Welt**, die Wel|ten, die Umwelt
wem
wen
we|nig,
we|ni|ge Freunde
wenn
wer
wer|den, du wirst, er wird
wer|fen, du wirfst, er warf
wet|ten
das **Wet|ter**, das Unwetter
wie, so groß wie du
wie, Wie lange dauert das Spiel? Wie oft ...? Wie viele ...?
wie|der
die **Wie|se**, die Wie|sen
wild, ein wil|des Tier
der **Wind**, die Win|de
der **Win|ter**, die Win|ter
win|zig,
ein win|zi|ges Zimmer
wip|pen
wir
wird, er wird ➡ werden
wirst,
du wirst ➡ werden
wis|sen, du weißt, er wuss|te
der **Witz**, die Wit|ze
wo
die **Wo|che**, die Wo|chen
der **Wo|chen|tag**, die Wo|chen|ta|ge
wo|her
wo|hin
woh|nen

W

die **Wohnung**, die Wohnungen
die **Wolke**, die Wolken, die Regenwolke
die **Wolle**, die Schafswolle
wollen, du willst, er wollte
womit
das **Wort**, die Wörter, auch die Worte
der **Wunsch**, die Wünsche, der Glückwunsch
wünschen, Ich wünsche dir alles Gute.
wünschen, sich etwas wünschen
die **Wurst**, die Würste, die Leberwurst
die **Wurzel**, die Wurzeln, die Baumwurzel
die **Wut**
wütend, wütend davonlaufen

X

das **Xylophon**, die Xylophone

Y

das **Ypsilon**, die Ypsilons

Z

die **Zahl**, die Zahlen
zahlen
zählen
der **Zahn**, die Zähne, der Eckzahn
die **Zange**, die Zangen
zaubern
der **Zaun**, die Zäune, der Gartenzaun
das **Zebra**, die Zebras
die **Zehe**, auch der Zeh, die Zehen
zehn
zeichnen
zeigen

die **Zeit**, die Zei|ten,
die Uhrzeit
die **Zei|tung**,
die Zei|tun|gen
das **Zelt**, die Zel|te
zel|ten
der **Zet|tel**, die Zet|tel
die **Zie|ge**, die Zie|gen
zie|hen, du ziehst,
er zog
das **Zim|mer**, die Zim|mer,
das Wohnzimmer
der **Zir|kus**, die Zir|kus|se
die **Zit|ro|ne**, die Zit|ro|nen
der **Zoo**, die Zoos
der **Zopf**, die Zöp|fe
zu
der **Zu|cker**,
die Zuckerdose
zu|erst, zuerst fragen
der **Zug**, die Zü|ge,
der Schnellzug
zu|letzt
zum, zum Bus gehen,
auch zu dem Bus
gehen

die **Zun|ge**, die Zun|gen
zur, zur Schule,
auch zu der Schule
zu|rück
zu|sam|men
zwan|zig
zwei
der **Zweig**, die Zwei|ge
der **Zwerg**, die Zwer|ge
die **Zwie|bel**, die Zwie|beln
zwi|schen
zwölf

4 Großes Wörterbuch bis Klasse 4

A

der **Aal**, die Aa|le

ab

der **Ab|druck**, die Ab|drü|cke, die Fingerabdrücke

der **A|bend**, die A|ben|de

a|bends

das **A|ben|teu|er**, die A|ben|teu|er

a|ben|teu|er|lich

a|ber

der **Ab|fall**, die Ab|fäl|le, der Bioabfall

ab|hän|gig, von etwas ab|hän|gig sein

das **A|bi|tur**

der **Ab|satz**, die Ab|sät|ze

der **Ab|schied**, die Ab|schie|de, sich ver|ab|schie|den

ab|seits

der **Ab|sen|der**, die Ab|sen|der

ab|sen|den

ab|sicht|lich

der **Ab|stand**, die Ab|stän|de

der **Ab|sturz**, die Ab|stür|ze

ab|stür|zen

das **Ab|teil**, die Ab|tei|le, das Zugabteil

ab|wärts ◄ aufwärts

ab|we|send ◄ anwesend

ach

die **Ach|se**, die Ach|sen

die **Ach|sel**, die Ach|seln

acht

ach|ten

die **Ach|tung**

acht|zehn

acht|zig

der **A|cker**, die Ä|cker

a|de sagen

der **Ad|ler**, die Ad|ler, der Steinadler

die **A|d|res|se**, die A|d|res|sen

der **Ad|vent**, die Ad|ven|te

der **Af|fe**, die Af|fen

A|f|ri|ka, a|f|ri|ka|nisch

ag|gres|siv, eine ag|gres|si|ve Katze

ah|nen, etwas ahnen

ähn|lich

die **Ähn|lich|keit**, die Ähn|lich|kei|ten

der **Ahorn**

die **Ähre**, die Ähren, die Getreideähre

das **Aids**

das **Akkordeon**, die Akkordeons

der **Akrobat**, die Akrobaten

die **Aktion**, die Aktionen, die Spendenaktion

aktiv, aktiver, am aktivsten

aktuell, aktueller, am aktuellsten

der **Alarm**, die Alarme, der Feueralarm

alarmieren

das **Album**, die Alben, das Fotoalbum

der **Alkohol**, die Alkohole

alle

die **Allee**, die Alleen, die Lindenallee

allein

allerdings

alles

allgemein

allmählich

die **Alpen**

das **Alphabet**, die Alphabete

alphabetisch

als

also

alt, älter, am ältesten

das **Alter**

am

die **Ameise**, die Ameisen

Amerika, amerikanisch

die **Ampel**, die Ampeln

die **Amsel**, die Amseln

das **Amt**, die Ämter, das Jugendamt

an

die **Ananas**

der **Anblick**

das **Andenken**, die Andenken, das Urlaubsandenken

andere, auch andre

ändern

anders

der **Anfang**, die Anfänge

anfangen, du fängst an, er fing an,

er hat an|ge|fan|gen

der **An|fän|ger**, die An|fän|ger

der **An|ge|ber**, die An|ge|ber

das **An|ge|bot**, die An|ge|bo|te, die Sonderangebote

die **An|gel**, die An|geln

an|geln

an|ge|nehm

die **Angst**, die Ängs|te, Angst haben

ängst|lich ◀ mutig

der **An|ker**, die An|ker, der Schiffsanker

die **An|kunft**, die An|künf|te

der **A|no|rak**, die A|no|raks

der **An|ruf**, die An|ru|fe

ans (an das)

an|schlie|ßen, an|schlie|ßend

die **An|schrift**, die An|schrif|ten, die Wohnanschrift

an|ste|cken, sich anstecken

an|ste|ckend, eine an|ste|cken|de Krankheit

an|stren|gen, sich anstrengen

die **Ant|ark|tis**, ant|ark|tisch

die **An|ten|ne**, die An|ten|nen

der **An|trag**, die An|trä|ge

die **Ant|wort**, die Ant|wor|ten

ant|wor|ten

an|we|send ◀ abwesend

der **An|we|sen|de**, die An|we|sen|den

die **An|zei|ge**, die An|zei|gen, die Suchanzeige

an|zie|hen, du ziehst an, er zog an, er hat an|ge|zo|gen

der **Ap|fel**, die Äp|fel, das Apfelmus

die **Ap|fel|si|ne**, die Ap|fel|si|nen

die **A|po|the|ke**, die A|po|the|ken

der **Ap|pe|tit**

die **A|p|ri|ko|se**, die A|p|ri|ko|sen

der **A|p|ril**, die A|p|ri|le

das **A|qua|ri|um**, die A|qua|ri|en

die **Ar|beit**, die Ar|bei|ten, die Gartenarbeit

ar|bei|ten

ar|beits|los, ein arbeitsloser Jugendlicher

A

der **Ärger**
ärgerlich
ärgern, sich ärgern
die **Arktis**, arktisch
arm, ärmer, am ärmsten
der **Arm**, die Arme
der **Ärmel**, die Ärmel
die **Armut**
der **Artist**, die Artisten
die **Arznei**, die Arzneien
der **Arzt**, die Ärzte, der Zahnarzt
die **Ärztin**, die Ärztinnen
Asien, asiatisch
das **Ass**, die Asse
der **Ast**, die Äste
der **Atem**
der **Atlantik**
der **Atlas**, die Atlasse, auch die Atlanten
atmen
auch
auf
aufdringlich
der **Aufenthalt**, die Aufenthalte
die **Aufgabe**, die Aufgaben, die Hausaufgabe
der **Aufgang**, die Aufgänge, der Treppenaufgang
der **Auflauf**, die Aufläufe, der Kartoffelauflauf
aufmerksam
die **Aufmerksamkeit**, die Aufmerksamkeiten
der **Aufsatz**, die Aufsätze
der **Auftrag**, die Aufträge, der Arbeitsauftrag
der **Auftritt**, die Auftritte
aufwärts ◀ abwärts
das **Auge**, die Augen
die **Augenbraue**, die Augenbrauen
der **August**
aus
die **Ausdauer**, ausdauernd
auseinander
der **Ausflug**, die Ausflüge, der Wochenendausflug
der **Ausgang**, die Ausgänge, der Notausgang
die **Auskunft**, die Auskünfte,

A B

die Telefonauskunft
das **Aus|land**
der **Aus|län|der**, die Aus|län|der
aus|län|disch
au|ßen
au|ßer
au|ßer|dem
au|ßer|halb
die **Aus|sicht**, die Aus|sich|ten
aus|sichts|los
Aus|t|ra|li|en, aus|t|ra|lisch
der **Aus|weis**, die Aus|wei|se, der Impfausweis
aus|wen|dig
das **Au|to**, die Au|tos, das Rennauto
das **Au|to|gramm**, die Au|to|gram|me
der **Au|to|mat**, die Au|to|ma|ten, der Geldautomat
der **Au|tor**, die Au|to|ren, der Kinderbuchautor
die **Au|to|rin**, die Au|to|rin|nen
die **Axt**, die Äx|te

B

das **Ba|by**, die Ba|bys
der **Bach**, die Bä|che
die **Ba|cke**, die Ba|cken
ba|cken, du backst oder du bäckst, er back|te, auch er buk, er hat ge|ba|cken
der **Bä|cker**, die Bä|cker
die **Bä|cke|rin**, die Bä|cke|rin|nen
die **Bä|cke|rei**, die Bä|cke|rei|en
das **Bad**, die Bä|der
ba|den
der **Bag|ger**, die Bag|ger
die **Bahn**, die Bah|nen, die Eisenbahnen
bald
der **Bal|ken**, die Bal|ken, der Holzbalken
der **Bal|kon**, die Bal|kons, auch die Bal|ko|ne
der **Ball**, die Bäl|le, der Fußball
das **Bal|lett**, die Bal|let|te
der **Bal|lon**, die Bal|lons, auch die Bal|lo|ne
die **Ba|na|ne**, die Ba|na|nen

das **Band**, die Bän|der,
die Stoffbänder

der **Band**, die Bän|de,
die Buchbände

die **Band**, die Bands,
die Rockbands

die **Bank**, die Bän|ke,
auch die Ban|ken

der **Bär**, die Bä|ren, der Eisbär

bar|fuß, bar|fuß laufen

der **Bart**, die Bär|te,
der Schnurrbart

bas|teln

die **Bat|te|rie**, die Bat|te|ri|en

der **Bauch**, die Bäu|che

bau|en

der **Bau|er**, die Bau|ern

die **Bäu|e|rin**, die Bäu|e|rin|nen

der **Baum**, die Bäu|me,
der Laubbaum

der **Be|cher**, die Be|cher,
der Plastikbecher

das **Be|cken**, die Be|cken,
das Schwimmbecken

be|dan|ken, sich bedanken

be|deu|ten

be|ei|len, sich beeilen

die **Be|er|di|gung**,
die Be|er|di|gun|gen

die **Bee|re**, die Bee|ren,
die Stachelbeere

das **Beet**, die Bee|te,
das Gemüsebeet

der **Be|fehl**, die Be|feh|le

be|feh|len, du be|fielst,
er be|fahl, er hat be|foh|len

be|geg|nen

be|geis|tern

der **Be|ginn**, der Ferienbeginn

be|gin|nen, du be|ginnst,
er be|gann,
er hat be|gon|nen

be|glei|ten

der **Be|glei|ter**, die Be|glei|ter,
der Zugbegleiter

be|grei|fen, du be|greifst,
er be|griff, er hat be|grif|fen

be|grün|den

be|grü|ßen

die **Be|grü|ßung**,
die Be|grü|ßun|gen

be|hal|ten, du be|hältst,

er be|hielt, er hat be|hal|ten

be|haup|ten

be|herr|schen

be|hin|dert, behindert sein,

ein be|hin|der|tes Kind

die **Be|hin|de|rung**,

die Be|hin|de|run|gen,

die Körperbehinderung

bei

bei|de

beim (bei dem)

das **Beil**, die Bei|le

das **Bein**, die Bei|ne

bei|na|he

bei|sam|men

das **Bei|spiel**, die Bei|spie|le

bei|ßen, du beißt, er biss,

er hat ge|bis|sen

be|kannt

be|kom|men, du bekommst,

er be|kam,

er hat be|kom|men

be|lei|di|gen

be|leuch|ten

die **Be|leuch|tung**,

die Be|leuch|tun|gen,

die Straßenbeleuchtung

be|liebt, beliebt sein,

ein be|lieb|ter Schauspieler

bel|len

be|loh|nen

die **Be|loh|nung**,

die Be|loh|nun|gen

be|lü|gen, du be|lügst,

er be|log, er hat be|lo|gen

be|mer|ken

be|mü|hen, sich be|mü|hen

be|neh|men, sich benehmen,

du be|nimmst dich,

er be|nahm sich,

er hat sich be|nom|men

be|nö|ti|gen

be|nut|zen

das **Ben|zin**, die Ben|zi|ne

be|o|b|ach|ten

die **Be|o|b|ach|tung**,

die Be|o|b|ach|tun|gen

be|quem, be|que|me Schuhe

be|ra|ten, du be|rätst,

er be|riet, er hat be|ra|ten

be|reit

be|rei|ten

be|reits
be|ru|hi|gen, sich beruhigen
be|rüh|ren, sich berühren
der **Berg**, die Ber|ge
ber|gig,
eine ber|gi|ge Landschaft
der **Be|richt**, die Be|rich|te,
der Zeitungsbericht
be|rich|ten
be|rich|ti|gen
der **Be|ruf**, die Be|ru|fe
be|rühmt
be|schrei|ben,
du be|schreibst,
er be|schrieb,
er hat be|schrie|ben
be|schul|di|gen
be|schüt|zen
be|schwe|ren,
sich beschweren
der **Be|sen**, die Be|sen,
der Hexenbesen
be|sich|ti|gen
be|sit|zen, du be|sitzt,
er be|saß, er hat be|ses|sen
be|son|ders
das **Be|steck**, die Be|ste|cke
be|ste|hen, du be|stehst,
er be|stand,
er hat be|stan|den
be|stim|men
be|stra|fen
der **Be|such**, die Be|su|che
be|su|chen
der **Be|su|cher**, die Be|su|cher,
die Museumsbesucher
be|ten
be|trach|ten
der **Be|trieb**, die Be|trie|be
das **Bett**, die Bet|ten,
die Federbetten
bet|teln
beu|gen
die **Beu|le**, die Beu|len
die **Beu|te**
die **Be|völ|ke|rung**
be|vor
be|we|gen, sich bewegen
be|wei|sen, du be|weist,
er be|wies, er hat be|wie|sen
der **Be|woh|ner**, die Be|woh|ner
be|wölkt, ein be|wölk|ter

B

Himmel, die Be|wöl|kung
be|zah|len
der **Bi|ber**, die Bi|ber
die **Bi|b|li|o|thek**,
die Bi|b|li|o|the|ken,
die Kinderbibliothek
bie|gen, du biegst, er bog,
er hat ge|bo|gen
die **Bie|ne**, die Bie|nen
das **Bier**, die Bie|re
das **Bild**, die Bil|der
die **Bil|dung**, die Ausbildung
bil|lig ◀ teu|er,
bil|li|ger, am bil|ligs|ten
bin, ich bin ➡ sein
bin|den, du bin|dest,
er band, er hat ge|bun|den
die **Bir|ke**, die Bir|ken
die **Bir|ne**, die Bir|nen
bis
bis|her
der **Biss**, die Bis|se
biss|chen
bist, du bist ➡ sein
die **Bit|te**, die Bit|ten
bit|ten, du bit|test, er bat,
er hat ge|be|ten
bit|ter, bit|te|re Mandeln
bla|sen, du bläst, er blies,
er hat ge|bla|sen
blass, blasser,
am blassesten
das **Blatt**, die Blät|ter,
das Blütenblatt
blau, dunkelblau
das **Blech**, die Ble|che
blei|ben, du bleibst, er blieb,
er ist ge|blie|ben
der **Blick**, die Bli|cke,
der Augenblick
bli|cken
blind, blind sein
der **Blin|de**, die Blin|den
blin|ken
der **Blitz**, die Blit|ze,
Blitz und Donner
blit|zen
der **Block**, die Blö|cke,
der Zeichenblock
blöd, ein blö|der Scherz
blond, hell|blon|des Haar
bloß

blü|hen
die **Blu|me**, die Blu|men
die **Blu|se**, die Blu|sen
das **Blut**
die **Blü|te**, die Blü|ten
der **Bo|den**, die Bö|den
der **Bo|gen**, die Bö|gen, der Regenbogen
die **Boh|ne**, die Boh|nen
boh|ren
das **Bon|bon**, die Bon|bons
das **Boot**, die Boo|te, das Ruderboot
bor|gen
bö|se, ein bö|ses Tier
bo|xen
der **Bo|xer**, die Bo|xer
der **Brand**, die Brän|de, der Waldbrand
brau|chen
bra|ten, du brätst, er briet, er hat ge|bra|ten
der **Bra|ten**, die Bra|ten, der Schweinebraten
der **Brauch**, die Bräu|che, der Osterbrauch

braun, dunkelbraun
die **Brau|se**, die Brau|sen, die Fassbrause
die **Braut**, die Bräu|te
das **Braut|paar**, die Braut|paa|re
der **Bräu|ti|gam**, die Bräu|ti|ga|me
brav, ein bra|ver Hund
bra|vo
bre|chen, du brichst, er brach, er hat ge|bro|chen
der **Brei**, die Breie, der Babybrei
breit ◀ schmal, brei|ter, am brei|tes|ten
die **Brem|se**, die Brem|sen
brem|sen
bren|nen, es brennt, es brann|te, es hat ge|brannt
das **Brett**, die Bret|ter, das Sprungbrett
die **Bre|zel**, die Bre|zeln
der **Brief**, die Brie|fe
die **Bril|le**, die Bril|len, die Sonnenbrille
brin|gen, du bringst, er brach|te, er hat ge|bracht

B
C

der **Brok|ko|li**, die Brok|ko|lis, auch der Broc|co|li, die Broc|co|lis
die **Brom|bee|re**, die Brom|bee|ren
das **Brot**, die Bro|te
das **Bröt|chen**, die Bröt|chen
die **Brü|cke**, die Brü|cken
der **Bru|der**, die Brü|der
brül|len
brum|men
der **Brun|nen**, die Brun|nen
die **Brust**, die Brüs|te
brü|ten
das **Buch**, die Bü|cher, das Tagebuch
die **Bu|che**, die Bu|chen
die **Büch|se**, die Büch|sen
der **Buch|sta|be**, die Buch|sta|ben
bü|cken
der **Büf|fel**, die Büf|fel
bü|geln
die **Büh|ne**, die Büh|nen, die Theaterbühne
bum|meln
die **Bun|des|re|pu|b|lik**
der **Bun|ga|low**, die Bun|ga|lows
bunt, ein bun|tes Kleid
die **Burg**, die Bur|gen, die Ritterburgen
der **Bür|ger**, die Bür|ger
das **Bü|ro**, die Bü|ros
die **Bürs|te**, die Bürs|ten, die Zahnbürste
bürs|ten
der **Bus**, die Bus|se, die Schulbusse
der **Busch**, die Bü|sche
die **But|ter**
der **But|ton**, die But|tons

C

das **Ca|fé**, die Ca|fés
das **Cam|ping**
die **CD**, die CDs
der **Cent**, die Cents, aber die 20 Cent
der **Chef**, die Chefs
Chi|na, der Chi|ne|se, die Chi|ne|sen, chi|ne|sisch

der **Chip**, die Chips,
die Kartoffelchips

der **Chor**, die Chö|re

cle|ver

der **Clown**, die Clowns

der **Christ**, die Chris|ten

der **Co|mic**, die Co|mics

der **Com|pu|ter**, die Com|pu|ter

der **Con|tai|ner**, die Con|tai|ner

der **Cou|sin**, die Cou|sins

die **Cou|si|ne**, die Cou|si|nen,
auch die Ku|si|ne,
die Ku|si|nen

die **Cre|me**, die Cre|mes,
auch die Krem

der **Cur|sor**, die Cur|sors

D

da

da|bei

das **Dach**, die Dä|cher

der **Da|ckel**, die Da|ckel

da|durch

da|für

da|ge|gen

da|heim, daheim bleiben

da|her

da|hin

da|hin|ter

da|mals

die **Da|me**, die Da|men

da|mit

der **Damm**, die Däm|me

der **Dampf**, die Dämp|fe

damp|fen

der **Damp|fer**, die Damp|fer

da|nach

da|neben

der **Dank**

dan|ken

dann

da|r|an

da|r|auf

da|r|aus

da|r|in

der **Darm**, die Där|me

da|r|ü|ber

da|r|um

da|r|un|ter

das, das Haus

dass

D

die **Da|tei**, die Da|tei|en

das **Da|tum**, die Da|ten

dau|ern

der **Dau|men**, die Dau|men

da|von

da|zu

da|zwi|schen

die **De|cke**, die De|cken, die Tischdecke

der **De|ckel**, die De|ckel, der Topfdeckel

de|cken

deh|nen

dein, dei|ne Tasche

der **Del|fin**, die Del|fi|ne, auch der Del|phin, die Del|phi|ne

dem

dem|nächst

den

de|nen

den|ken, du denkst, er dach|te, er hat ge|dacht

das **Denk|mal**, die Denk|mä|ler

denn

der

des

des|halb

des|sen

der **De|tek|tiv**, die De|tek|ti|ve

deut|lich

deutsch, die deut|sche Sprache

das **Deutsch|land**

der **De|zem|ber**, die De|zem|ber

dich

dicht, dich|ter, am dich|tes|ten

dich|ten

der **Dich|ter**, die Dich|ter

dick, di|cker, am dicks|ten

die, die Hose

der **Dieb**, die Die|be

der **Dieb|stahl**, die Dieb|stäh|le

die|nen

der **Dienst**, die Diens|te, der Blumendienst

der **Diens|tag**, die Diens|ta|ge, **dienstags**

dies, diesmal, dies und das

die|se, die|ser, die|ses Kind

das **Ding**, die Din|ge

der **Di|no|sau|ri|er**,
die Di|no|sau|ri|er
dir
der **Di|rek|tor**, die Di|rek|to|ren
die **Dis|ket|te**, die Dis|ket|ten
die **Dis|kus|sion**,
die Dis|kus|sio|nen
das **Dis|play**, die Dis|plays
die **Dis|tel**, die Dis|teln
doch
der **Dok|tor**, die Dok|to|ren
der **Don|ner**
don|nern
der **Don|ners|tag**,
die Don|ners|ta|ge
dop|pelt, dop|pelt so groß,
die dop|pel|te Anzahl
das **Dorf**, die Dör|fer
der **Dorn**, die Dor|nen
dort
dort|hin
die **Do|se**, die Do|sen
der **Dra|chen**, die Dra|chen
der **Draht**, die Dräh|te
drän|geln
drau|ßen
der **Dreck**, der Straßendreck
dre|ckig
dre|hen
drei
drei|ßig
drei|zehn
drin|gend
drin|nen
drit|te, der dritte Platz
die **Dro|ge**, die Dro|gen
dro|hen
die **Dros|sel**, die Dros|seln
drü|ben
der **Druck**, die Dru|cke,
der Buchdruck
dru|cken
drü|cken
der **Dru|cker**, die Dru|cker,
der Farbdrucker
die **Dru|cke|rei**,
die Dru|cke|rei|en
der **Dschun|gel**, selten das
Dschun|gel, die Dschun|gel
du
der **Duft**, die Düf|te
duf|ten

D

dumm ◀ klug

die **Dumm|heit**,
die Dumm|hei|ten

die **Dü|ne**, die Dü|nen

der **Dün|ger**, die Dün|ger,
der Blumendünger

dün|gen

dun|kel, dunk|ler,
am dun|kels|ten

dünn, dün|ner, am dünns|ten

durch

durch|ei|n|an|der

dür|fen, du darfst, er durf|te,
er hat ge|durft

dürr

der **Durst**

durs|tig

die **Du|sche**, die Du|schen

du|schen

E

e|ben, e|be|nes Land

e|ben, e|ben|so

e|ben|falls

das **E|cho**, die E|chos

echt, ech|te Kamille

die **E|cke**, die E|cken,
die Eckzähne

e|gal

die **E|he**, die E|hen

die **Eh|re**, die Eh|ren

eh|ren

ehr|lich,
eine ehr|li|che Antwort

die **Ehr|lich|keit**

das **Ei**, die Ei|er

die **Ei|che**, die Ei|chen

das **Eich|hörn|chen**,
die Eich|hörn|chen

die **Ei|dech|se**, die Ei|dech|sen

eif|rig

ei|gen,
ein ei|ge|ner Computer

ei|gent|lich

das **Ei|gen|tum**,
die Ei|gen|tü|mer

ei|len

der **Ei|mer**, die Ei|mer

ein, ei|ne Rose

ei|n|an|der

ein|fach

der **Ein|gang**, die Ein|gän|ge,
der Hintereingang
ei|nig, einig sein
ei|ni|ge, einige Stunden
ein|mal
eins
ein|sam, die Ein|sam|keit
der **Ein|tritt**
der **Ein|woh|ner**, die Ein|woh|ner
ein|zeln, einzeln eintreten
ein|zig,
die ein|zi|gen Zeugen
das **Eis**, das Erdbeereis
das **Ei|sen**, die Ei|sen
ei|sig
der **E|le|fant**, die E|le|fan|ten
der **E|lek|t|ri|ker**, die E|lek|t|ri|ker
e|lek|t|risch,
e|lek|t|ri|scher Strom
elf
die **El|tern**
emp|fan|gen, du
emp|fängst, er emp|fing,
er hat emp|fan|gen
emp|feh|len, du emp|fiehlst,
er emp|fahl,
er hat emp|foh|len
emp|fin|den,
du emp|fin|dest,
er emp|fand,
er hat emp|fun|den
emp|find|lich
das **En|de**, die En|den, zu En|de
end|gül|tig
end|lich
eng
der **En|gel**, die En|gel
eng|lisch,
die eng|li|sche Sprache
der **En|kel**, die En|kel
ent|de|cken
die **En|te**, die En|ten
ent|fer|nen
die **Ent|fer|nung**,
die Ent|fer|nun|gen
ent|ge|gen
ent|hal|ten, es ent|hält,
es ent|hielt,
es hat ent|hal|ten
ent|lang,
entlang des Flusses
ent|schlie|ßen,

E

sich ent|schlie|ßen,
du ent|schließt dich,
er ent|schloss sich,
er hat sich ent|schlos|sen

der **Ent|schluss**,
die Ent|schlüs|se

ent|schul|di|gen,
sich ent|schul|di|gen

die **Ent|schul|di|gung**,
die Ent|schul|di|gun|gen

ent|ste|hen, es ent|steht,
es ent|stand,
es ist ent|stan|den

ent|täu|schen,
jemanden enttäuschen

ent|we|der, entweder ... oder

ent|wer|fen,
du ent|wirfst, er ent|warf,
er hat ent|wor|fen

ent|wi|ckeln

die **Ent|wick|lung**,
die Ent|wick|lun|gen

der **Ent|wurf**, die Ent|wür|fe

er

das **Er|be**

er|ben

die **Erb|se**, die Erb|sen

die **Erd|bee|re**, die Erd|bee|ren

die **Er|de**, die Er|den

er|fah|ren, du er|fährst,
er er|fuhr, er hat er|fah|ren

er|fin|den, du er|fin|dest,
er er|fand, er hat er|fun|den

der **Er|folg**, die Er|fol|ge

er|gän|zen

das **Er|geb|nis**, die Er|geb|nis|se

er|hal|ten, du er|hältst,
er er|hielt, er hat er|hal|ten

er|ho|len, sich er|ho|len

er|in|nern, sich er|in|nern

die **Er|in|ne|rung**,
die Er|in|ne|run|gen

er|käl|ten, sich er|käl|ten

er|ken|nen, du er|kennst,
er er|kann|te,
er hat er|kannt

er|klä|ren

die **Er|klä|rung**,
die Er|klä|run|gen

er|kun|di|gen,
sich erkundigen

er|lau|ben

die **Er|laub|nis**,
die Er|laub|nis|se
die **Er|le**, die Er|len
er|le|ben
das **Er|leb|nis**, die Er|leb|nis|se
er|le|di|gen
er|mä|ßi|gen
die **Er|mä|ßi|gung**,
die Er|mä|ßi|gun|gen
er|näh|ren
die **Er|näh|rung**
der **Ernst**
ernst
die **Ern|te**, die Ern|ten
ern|ten
er|schre|cken,
du er|schreckst, er er|schrak,
er ist er|schro|cken
erst
er|stau|nen
ers|te, ers|ter, ers|tes Kind
der **Er|wach|se|ne**,
die Er|wach|se|nen
er|war|ten
er|zäh|len
die **Er|zäh|lung**,
die Er|zäh|lun|gen
er|zie|hen, du er|ziehst,
er er|zog, er hat er|zo|gen
es
die **E|sche**, die E|schen
der **E|sel**, die E|sel
der **Es|ki|mo**, die Es|ki|mos
das **Es|sen**, die Es|sen
es|sen, du isst, er aß,
er hat ge|ges|sen
die **E|ta|ge**, die E|ta|gen
et|wa, etwa vier Tage
et|was
euch
die **Eu|le**, die Eu|len
eu|re, auch eu|e|re
der **Eu|ro**, die Eu|ros,
aber die 50 Euro
das **Eu|ro|pa**
ex|t|ra

F

die **Fa|bel**, die Fa|beln
die **Fa|b|rik**, die Fa|b|ri|ken
das **Fach**, die Fä|cher

die **Fa|ckel**, die Fa|ckeln
der **Fa|den**, die Fä|den
die **Fah|ne**, die Fah|nen
die **Fäh|re**, die Fäh|ren
fah|ren, du fährst, er fuhr, er ist ge|fah|ren
der **Fah|rer**, die Fah|rer, der Radfahrer
die **Fah|re|rin**, die Fah|re|rin|nen
das **Fahr|rad**, die Fahr|rä|der, Fahrrad fahren
die **Fahrt**, die Fahr|ten, die Zugfahrt
die **Fähr|te**, die Fähr|ten
das **Fahr|zeug**, die Fahr|zeu|ge
fair, ein fai|res Spiel
fal|len, du fällst, er fiel, er ist ge|fal|len
falsch ◄ richtig
die **Fa|mi|lie**, die Fa|mi|li|en
der **Fan**, die Fans
fan|gen, du fängst, er fing, er hat ge|fan|gen
die **Fan|ta|sie**, die Fan|ta|si|en, auch die Phan|ta|sie, die Phan|ta|si|en
die **Far|be**, die Far|ben
far|big
der **Fa|sching**, die Fa|schin|ge, auch die Fa|schings
das **Fass**, die Fäs|ser, das Weinfass
fas|sen
fast
faul ◄ fleißig
faul, faules Obst
fau|len|zen
die **Faust**, die Fäus|te
das **Fax**, die Fa|xe
der **Fe|b|ru|ar**, die Fe|b|ru|a|re
die **Fe|der**, die Fe|dern, die Gänsefedern
die **Fee**, die Fe|en
fe|gen
feh|len
der **Feh|ler**, die Feh|ler
feh|ler|frei, fehlerfrei rechnen
die **Fei|er**, die Fei|ern, die Geburtstagsfeier
fei|ern
fei|ge, ein fei|ger Mensch

die **Fei|ge**, die Fei|gen
fein, fei|ner, am feins|ten
der **Feind**, die Fein|de
das **Feld**, die Fel|der, das Rübenfeld
das **Fell**, die Fel|le
der **Fel|sen**, die Fel|sen
das **Fens|ter**, die Fens|ter
die **Fe|ri|en**, die Herbstferien
das **Fer|kel**, die Fer|kel
das **Fern|se|hen**
fern|se|hen, du siehst fern, er sah fern, er hat fern|ge|se|hen
der **Fern|se|her**, die Fern|se|her
die **Fer|se**, die Fer|sen
fer|tig
fest
das **Fest**, die Fes|te
fest|lich, fest|li|che Stimmung
fett, fet|ter, am fet|tes|ten
das **Fett**, die Fet|te
feucht
das **Feu|er**, die Feu|er, das Lagerfeuer
die **Feu|er|wehr**, die Feu|er|weh|ren
die **Fich|te**, die Fich|ten
das **Fie|ber**, die Fie|ber
die **Fi|gur**, die Fi|gu|ren
der **Film**, die Fil|me, der Trickfilm
der **Filz**, die Fil|ze
der **Filz|stift**, die Filz|stif|te
fin|den, du fin|dest, er fand, er hat ge|fun|den
der **Fin|ger**, die Fin|ger, der Zeigefinger
der **Fink**, die Fin|ken
fins|ter, eine fins|te|re Höhle
der **Fisch**, die Fi|sche
fit
flach, fla|cher, am flachs|ten
die **Flä|che**, die Flä|chen
die **Flag|ge**, die Flag|gen
die **Flam|me**, die Flam|men
die **Fla|sche**, die Fla|schen, die Milchflasche
flat|tern
der **Fleck**, die Fle|cken
fle|ckig

F

das **Fleisch**,
das Schweinefleisch

der **Flei|scher**, die Flei|scher

die **Flei|sche|rei**,
die Flei|sche|rei|en

der **Fleiß**

flei|ßig, flei|ßi|ger,
am flei|ßigs|ten

die **Flie|ge**, die Flie|gen

flie|gen, du fliegst, er flog,
er ist ge|flo|gen

flie|hen, du fliehst, er floh,
er ist ge|flo|hen

flie|ßen, es fließt, es floss,
es ist ge|flos|sen

flink

flit|zen

die **Flo|cke**, die Flo|cken,
die Schneeflocke

der **Floh**, die Flö|he

das **Floß**, die Flö|ße

die **Flos|se**, die Flos|sen,
die Schwanzflossen

die **Flö|te**, die Flö|ten

flott

flüch|ten

der **Flug**, die Flü|ge,
der Rundflug

der **Flü|gel**, die Flü|gel

das **Flug|zeug**, die Flug|zeu|ge

der **Flur**, die Flu|re, der Hausflur

der **Fluss**, die Flüs|se

flüs|sig

flüs|tern

das **Foh|len**, die Foh|len

der **Föhn**, auch der Fön,
die Föh|ne, die Fö|ne

fol|gen

for|dern

die **Form**, die For|men,
die Backform

for|men

for|schen

der **For|scher**, die For|scher

der **Förs|ter**, die Förs|ter

fort

das **Fo|to**, die Fo|tos,
die Urlaubsfotos

fo|to|gra|fie|ren

die **Fra|ge**, die Fra|gen

fra|gen

Frank|reich

fran|zö|sisch,
eine fran|zö|si|sche Stadt
die **Frau**, die Frau|en
frech, fre|cher,
am frechs|ten
frei
der **Frei|tag**, die Frei|ta|ge,
freitags
die **Frei|zeit**
fremd, ein frem|des Land
der **Frem|de**, die Frem|den
fres|sen, du frisst, er fraß,
er hat ge|fres|sen
die **Freu|de**, die Freu|den
freu|en, sich freuen
der **Freund**, die Freun|de
die **Freun|din**, die Freun|din|nen
freund|lich, freund|li|cher,
am freund|lichs|ten
die **Freund|schaft**,
die Freund|schaf|ten
der **Frie|den**
fried|lich,
ein fried|li|ches Volk
frie|ren, du frierst, er fror,
er hat ge|fro|ren

frisch, fri|sches Gemüse
froh
fröh|lich
der **Frosch**, die Frö|sche,
der Laubfrosch
der **Frost**, die Frös|te
fros|tig
die **Frucht**, die Früch|te
früh ◄ spät
der **Früh|ling**, die Frühlinge,
frühlingshaft
das **Früh|stück**, die Früh|stü|cke
früh|stü|cken
der **Frust**
der **Fuchs**, die Füch|se
füh|len
füh|ren
die **Füh|rung**, die Füh|run|gen,
die Stadtführung
fül|len
der **Fül|ler**, die Fül|ler
fünf
fünf|zehn
fünf|zig
funk|ti|o|nie|ren
für

F

fürch|ten

der **Fuß**, die Fü|ße

das **Fut|ter**, das Hundefutter

füt|tern

die **Füt|te|rung**, die Füt|te|run|gen

G

die **Ga|bel**, die Ga|beln, die Kuchengabel

der **Gang**, die Gän|ge, der Eingang

die **Gans**, die Gän|se

ganz

gar, Das Gemüse ist gar.

gar kein, gar keine Wolken

gar nicht, gar nicht weinen

die **Ga|ra|ge**, die Ga|ra|gen, die Tiefgarage

die **Gar|di|ne**, die Gar|di|nen

ga|ren

das **Garn**, die Gar|ne, das Nähgarn

der **Gar|ten**, die Gär|ten

das **Gas**, die Ga|se, das Erdgas

die **Gas|se**, die Gas|sen

der **Gast**, die Gäs|te

der **Gaul**, die Gäu|le

der **Gau|men**, die Gau|men

das **Ge|bäck**

das **Ge|bäu|de**, die Ge|bäu|de, das Schulgebäude

ge|ben, du gibst, er gab, er hat ge|ge|ben

das **Ge|bet**, die Ge|be|te

das **Ge|bir|ge**, die Ge|bir|ge

ge|bir|gig

das **Ge|biss**, die Ge|bis|se

das **Ge|bot**, die Ge|bo|te

die **Ge|burt**, die Ge|bur|ten

der **Ge|burts|tag**, die Ge|burts|ta|ge

der **Ge|dan|ke**, die Ge|dan|ken

das **Ge|dicht**, die Ge|dich|te, das Frühlingsgedicht

die **Ge|duld**

ge|dul|dig

die **Ge|fahr**, die Ge|fah|ren

ge|fähr|lich, ge|fähr|li|cher, am ge|fähr|lichs|ten

ge|fal|len, du ge|fällst mir,

er ge|fiel mir, er hat mir
ge|fal|len
ge|frie|ren, es ge|friert,
es ge|fror, es ist ge|fro|ren
das **Ge|fühl**, die Ge|füh|le
ge|gen
die **Ge|gend**, die Ge|gen|den
ge|gen|sei|tig,
sich gegenseitig helfen
das **Ge|gen|teil**, die Ge|gen|tei|le
ge|gen|ü|ber
ge|heim,
ein ge|hei|mer Brief
das **Ge|heim|nis**,
die Ge|heim|nis|se
ge|heim|nis|voll
ge|hen, du gehst, er ging,
er ist ge|gan|gen
das **Ge|hirn**, die Ge|hir|ne
das **Ge|hör**
ge|hor|chen
ge|hö|ren
die **Gei|ge**, die Gei|gen
der **Geist**, die Geis|ter
der **Geiz**, gei|zig
das **Ge|län|der**, die Ge|län|der
gelb
das **Geld**, die Gel|der,
das Spielgeld
das **Ge|lenk**, die Ge|len|ke
ge|lin|gen, es ge|lingt,
es ge|lang, es ist ge|lun|gen
ge|mein
die **Ge|mein|de**,
die Ge|mein|den
ge|mein|sam
das **Ge|mü|se**, die Ge|mü|se
ge|müt|lich
ge|nau
ge|nie|ßen, du ge|nießt,
er ge|noss,
er hat ge|nos|sen
ge|nug
das **Ge|päck**,
das Urlaubsgepäck
ge|ra|de, gerade stehen
ge|ra|de|aus,
geradeaus gehen
das **Ge|rät**, die Ge|rä|te,
die Gartengeräte
das **Ge|räusch**, die Ge|räu|sche
ge|recht

G

G

die **Ge|rech|tig|keit**
ge|ring
gern, auch ger|ne, lie|ber, am liebs|ten
der **Ge|ruch**, die Ge|rü|che
ge|samt
das **Ge|schäft**, die Ge|schäf|te
ge|sche|hen, es ge|schieht, es ge|schah, es ist ge|sche|hen
das **Ge|schenk**, die Ge|schen|ke, das Geburtstagsgeschenk
die **Ge|schich|te**, die Ge|schich|ten
das **Ge|schirr**, die Ge|schir|re
das **Ge|schlecht**, die Ge|schlech|ter
der **Ge|schmack**, die Ge|schmä|cke, auch die Ge|schmä|cker
ge|schmack|voll
das **Ge|schrei**
die **Ge|schwin|dig|keit**, die Ge|schwin|dig|kei|ten
die **Ge|schwis|ter**
das **Ge|sicht**, die Ge|sich|ter
das **Ge|spenst**, die Ge|spens|ter
das **Ge|spräch**, die Ge|sprä|che
der **Ge|stank**
ges|tern, gestern Abend
ge|streift, eine ge|streif|te Hose
ge|sund ◀ krank
die **Ge|sund|heit**
das **Ge|tränk**, die Ge|trän|ke, das Erfrischungsgetränk
das **Ge|trei|de**
das **Ge|wächs**, die Ge|wäch|se
die **Ge|walt**, die Ge|wal|ten
das **Ge|wäs|ser**, die Ge|wäs|ser
das **Ge|wicht**, die Ge|wich|te
ge|win|nen, du ge|winnst, er ge|wann, er hat ge|won|nen
das **Ge|wit|ter**, die Ge|wit|ter
ge|wöh|nen, sich gewöhnen
das **Ge|würz**, die Ge|wür|ze
die **Gier**, gie|rig
gie|ßen, du gießt, er goss, er hat ge|gos|sen
gif|tig, gif|ti|ger, am gif|tigs|ten

die **Gi|raf|fe**, die Gi|raf|fen

die **Gi|tar|re**, die Gi|tar|ren

der **Glanz**, glän|zend

glän|zen

das **Glas**, die Glä|ser,
die Saftgläser

glatt

die **Glat|ze**, die Glat|zen

glau|ben

gleich

das **Gleis**, die Glei|se

glei|ten

der **Glet|scher**, die Glet|scher

das **Glied**, die Glie|der

der **Glo|bus**, die Glo|bus|se,
auch die Glo|ben

die **Glo|cke**, die Glo|cken

das **Glück**

glück|lich,
ein glück|li|ches Lachen

glü|hen

die **Glut**, die Glu|ten

das **Gold**

gol|den,
eine gol|de|ne Kette

der **Gott**, die Göt|ter

der **Gra|ben**, die Grä|ben

gra|ben, du gräbst, er grub,
er hat ge|gra|ben

der **Grad**, die Gra|de

das **Gras**, die Grä|ser

gra|tu|lie|ren

grau

grau|sam

grei|fen, du greifst, er griff,
er hat ge|grif|fen

die **Gren|ze**, die Gren|zen

der **Grieß**, der Grieß|pud|ding

der **Griff**, die Grif|fe

der **Grill**, die Grills

die **Grip|pe**, die Grippen

grob

groß ◄ klein,
grö|ßer, am größ|ten

die **Groß|el|tern**

die **Groß|mut|ter**,
die Groß|müt|ter

der **Groß|va|ter**, die Groß|vä|ter

die **Gru|be**, die Gru|ben

grün

der **Grund**, die Grün|de

gründ|lich

die **Grup|pe**, die Grup|pen
der **Gruß**, die Grü|ße,
die Geburtstagsgrüße
grü|ßen
gu|cken
der **Gu|lasch**
gül|tig,
eine gül|ti|ge Fahrkarte
das **Gum|mi**, aber der Gummi,
die Gummis,
der Radiergummi
die **Gur|ke**, die Gur|ken,
die Salatgurke
der **Gür|tel**, die Gür|tel
gut, bes|ser, am bes|ten

H

das **Haar**, die Haa|re
ha|ben, du hast, er hat|te,
er hat ge|habt
ha|cken
der **Ha|fen**, die Hä|fen
der **Ha|fer**, die Haferflocken
der **Ha|gel**
ha|geln
der **Hahn**, die Häh|ne
der **Hai**, die Haie
der **Ha|ken**, die Ha|ken
halb, eine hal|be Stunde
die **Hälf|te**, die Hälf|ten
die **Hal|le**, die Hal|len,
die Schwimmhalle
hal|lo
der **Halm**, die Hal|me
der **Hals**, die Häl|se
hal|ten, du hältst, er hielt,
er hat ge|hal|ten
der **Ham|mer**, die Häm|mer
der **Hams|ter**, die Hams|ter
die **Hand**, die Hän|de
han|deln
das **Han|dy**, die Han|dys
der **Hang**, die Hän|ge
hän|gen, du hängst, er hing,
er hat ge|han|gen
die **Hard|wa|re**
die **Har|ke**, die Har|ken
har|ken
hart, här|ter, am här|tes|ten
der **Ha|se**, die Ha|sen
der **Hass**

G H

häss|lich, häss|li|cher, am häss|lichs|ten
hau|en
der **Hau|fen**, die Hau|fen, der Holzhaufen
häu|fig
das **Haupt**, die Häup|ter
das **Haus**, die Häu|ser, das Hochhaus
die **Haut**, die Häu|te
he|ben, du hebst, er hob, er hat ge|ho|ben
die **He|cke**, die He|cken
das **Heft**, die Hef|te, das Schreibheft
hef|ten
das **Heim**, die Hei|me
die **Hei|mat**
heim|lich
hei|ra|ten
heiß, hei|ßer, am hei|ßes|ten
hei|ßen, du heißt, er hieß, er hat ge|hei|ßen
hei|ter
hei|zen
die **Hei|zung**, die Hei|zun|gen
hel|fen, du hilfst, er half, er hat ge|hol|fen
hell, hel|ler, am hells|ten
hell|blau
der **Helm**, die Hel|me, der Sturzhelm
das **Hemd**, die Hem|den
der **Hengst**, die Hengs|te
der **Hen|kel**, die Hen|kel
die **Hen|ne**, die Hen|nen
her
he|r|ab
he|r|auf
he|r|aus
der **Herbst**, die Herbste, herbst|lich
der **Herd**, die Her|de
he|r|ein
die **Her|kunft**, die Her|künf|te
der **Herr**, die Her|ren
herr|lich
he|r|ü|ber
he|r|um
he|r|un|ter
her|vor
das **Herz**, die Her|zen

H

herz|lich
das **Heu**
heu|len
heu|te
die **He|xe**, die He|xen
he|xen
hier
hier|her
die **Hil|fe**, die Hil|fen
die **Him|bee|re**, die Him|bee|ren
der **Him|mel**
hin
hi|n|auf
hi|n|aus
hi|n|ein
hin|ten
hin|ter
hin|ter|her
hi|n|ü|ber
hin|zu
der **Hin|weis**, die Hin|wei|se
der **Hirsch**, die Hir|sche
der **Hir|te**, die Hir|ten
der **Hit**, die Hits
die **Hit|ze**
das **Hob|by**, die Hob|bys
hoch, hö|her, am höchs|ten
ho|cken
der **Hof**, die Hö|fe, der Bahnhof
hof|fen
hof|fent|lich
höf|lich
die **Hö|he**, die Hö|hen
hohl
die **Höh|le**, die Höh|len, die Tropfsteinhöhle
ho|len
Hol|land
hol|län|disch, hol|län|di|scher Käse
die **Höl|le**, die Höl|len
das **Holz**, die Höl|zer
der **Ho|nig**
hop|sen
hor|chen
hö|ren
das **Horn**, die Hör|ner
der **Hort**, die Hor|te
die **Ho|se**, die Ho|sen, die Unterhosen
das **Ho|tel**, die Ho|tels

hübsch, hüb|scher, am hüb|sches|ten
der **Hub|schrau|ber**, die Hub|schrau|ber
der **Huf**, die Hu|fe
der **Hü|gel**, die Hü|gel
das **Huhn**, die Hüh|ner
die **Hül|le**, die Hül|len, die Kissenhülle
die **Hül|se**, die Hül|sen
die **Hum|mel**, die Hum|meln
hum|peln
der **Hund**, die Hun|de
hun|dert
der **Hun|ger**
hung|rig ◀ satt
die **Hu|pe**, die Hu|pen
hüp|fen
hus|ten
der **Hut**, die Hü|te, der Sonnenhut
hü|ten
die **Hüt|te**, die Hüt|ten, die Holzhütte

I

ich
die **I|dee**, die I|de|en
der **I|gel**, die I|gel
das **I|g|lu**, auch der I|g|lu, die I|g|lus
ihm
ihn
ih|nen
ihr, ih|re Tasche
im
im|mer
imp|fen
die **Imp|fung**, die Imp|fun|gen
in, in der Höhle
der **In|di|a|ner**, die In|di|a|ner
In|di|en, in|disch
die **In|dus|t|rie**, die In|dus|t|ri|en
die **In|for|ma|ti|on**, die In|for|ma|ti|o|nen
in|for|mie|ren, sich informieren
der **In|halt**, die In|hal|te
das **In|land**
der **In|li|ner**, die In|li|ner, die In|line|skates

in|nen ◀ außen

in|ner|halb ◀ außerhalb

ins (in das)

das **In|sekt**, die In|sek|ten

die **In|sel**, die In|seln

ins|ge|samt

in|te|res|sant

das **In|te|r|es|se**, die In|te|r|es|sen

in|te|r|es|sie|ren, sich interessieren

das **In|ter|net**

das **In|ter|view**, die In|ter|views

in|zwi|schen

ir|gend

ir|gend|wie

ir|gend|wo

ir|ren, sich irren

ist, er ist ➡ sein

I|ta|li|en, i|ta|li|e|nisch

J

ja

die **Jacht**, die Jach|ten, auch die Yacht, die Yach|ten

die **Ja|cke**, die Ja|cken

ja|gen, du jagst, er jag|te, er hat ge|jagt

der **Jä|ger**, die Jä|ger

das **Jahr**, die Jah|re, die Jahreszeit

jam|mern

der **Ja|nu|ar**, im Januar

je, je öfter, je mehr

die **Jeans**, die Jeans, die Jeanshose

je|de, je|der, je|des Wochenende

je|der|mann

je|doch

je|mals

je|mand

jetzt

je|weils

das **Jog|ging**

jog|gen

der **Jo|gurt**, die Jo|gurts, auch der Jo|ghurt, die Jo|ghurts

der **Ju|bel**

ju|beln

ju|cken

das **Ju|do**

die **Ju|gend**

ju|gend|lich

der **Ju|li**, im Juli

jung, jün|ger, am jüngs|ten

der **Jun|ge**, die Jun|gen

der **Ju|ni**, im Juni

K

das **Ka|bel**, die Ka|bel

die **Ka|bi|ne**, die Ka|bi|nen, die Umkleidekabine

der **Kä|fer**, die Kä|fer, der Marienkäfer

der **Kaf|fee**, die Kaf|fees, aber das Ca|fé, die Ca|fés

der **Kä|fig**, die Kä|fi|ge, der Vogelkäfig

kahl

der **Kahn**, die Käh|ne

der **Kai|ser**, die Kai|ser

der **Ka|kao**, die Ka|kaos

der **Kak|tus**, die Kak|te|en

das **Kalb**, die Käl|ber

der **Ka|len|der**, die Ka|len|der

kalt ◀ heiß, käl|ter, am käl|tes|ten

die **Käl|te**

das **Ka|mel**, die Ka|me|le

die **Ka|me|ra**, die Ka|me|ras

die **Ka|mil|le**

der **Kamm**, die Käm|me

käm|men, sich kämmen

die **Kam|mer**, die Kam|mern

der **Kampf**, die Kämp|fe

kämp|fen

der **Ka|nal**, die Ka|nä|le

das **Kän|gu|ru**, die Kän|gu|rus

das **Ka|nin|chen**, die Ka|nin|chen

die **Kan|ne**, die Kan|nen

der **Ka|non**, die Ka|nons

der **Ka|pi|tän**, die Ka|pi|tä|ne

die **Kap|pe**, die Kap|pen

ka|putt, die ka|put|te Tasse

die **Ka|pu|ze**, die Ka|pu|zen

ka|riert, der ka|rier|te Rock

der **Kar|ne|val**

die **Ka|rot|te**, die Ka|rot|ten

die **Kar|te**, die Kar|ten, die Einladungskarte

die **Kar|tof|fel**, die Kar|tof|feln

das **Ka|rus|sell**, die Ka|ru|sel|le,
auch die Ka|rus|sells
der **Kä|se**, die Kä|se
der **Kas|per**, die Kas|per
die **Kas|se**, die Kas|sen
die **Kas|set|te**, die Kas|set|ten
die **Kas|ta|nie**, die Kas|ta|ni|en
der **Kas|ten**, die Käs|ten
der **Ka|ter**, die Ka|ter
die **Kat|ze**, die Kat|zen
kau|en
kau|fen
die **Kaul|quap|pe**,
die Kaul|quap|pen
kaum
der **Ke|gel**, die Ke|gel
keh|ren
kei|men
kei|n, kei|ne,
kei|nen Fehler haben
der **Keks**, die Kek|se
die **Kel|le**, die Kel|len
der **Kel|ler**, die Kel|ler
ken|nen, du kennst,
er kann|te, er hat ge|kannt
der **Kerl**, die Ker|le

der **Kern**, die Ker|ne,
der Kirschkern
die **Ker|ze**, die Ker|zen
der **Kes|sel**, die Kes|sel
der **Ket|sch|up**,
auch das Ket|sch|up,
auch der oder das
Ket|ch|up
die **Ket|te**, die Ket|ten
die **Keu|le**, die Keu|len
das **Key|board**, die Key|boards
ki|chern
die **Kie|fer**, die Kie|fern
das **Kind**, die Kin|der
das **Kinn**, die Kin|ne
das **Ki|no**, die Ki|nos
kip|pen
die **Kir|che**, die Kir|chen
die **Kir|sche**, die Kir|schen
das **Kis|sen**, die Kis|sen
die **Kis|te**, die Kis|ten
kit|zeln
die **Ki|wi**, die Ki|wis
die **Klam|mer**, die Klam|mern,
die Wäscheklammern
der **Klang**, die Klän|ge

die **Klap|pe**, die Klap|pen
klap|pen
klar
die **Klas|se**, die Klas|sen
klat|schen
klau|en
kle|ben
kle|ckern
der **Klee**, die Klees, das Kleeblatt
das **Kleid**, die Klei|der, das Sommerkleid
klein ◀ groß, klei|ner, am kleins|ten
klem|men
klet|tern
klin|geln
klin|gen, es klingt, es klang, es hat ge|klun|gen
klop|fen
der **Kloß**, die Klö|ße
klug ◀ dumm, klü|ger, am klügs|ten
knal|len
knapp
der **Knäu|el**, die Knäu|el
das **Knie**, die Knie
knis|tern
der **Knö|chel**, die Knö|chel
der **Kno|chen**, die Kno|chen
der **Knö|del**, die Knö|del
die **Knol|le**, die Knol|len
der **Knopf**, die Knöp|fe
die **Knos|pe**, die Knos|pen
der **Kno|ten**, die Kno|ten
knur|ren
knusp|rig, auch knus|pe|rig
der **Ko|bold**, die Ko|bol|de
der **Koch**, die Kö|che
ko|chen
die **Kö|chin**, die Kö|chin|nen
der **Kof|fer**, die Kof|fer
der **Kohl**, der Weißkohl
die **Koh|le**, die Koh|len
ko|misch
kom|men, du kommst, er kam, er ist ge|kom|men
der **Kom|pass**, die Kom|pas|se
der **Kom|post**, die Kom|pos|te
das **Kon|fet|ti**
der **Kö|nig**, die Kö|ni|ge
die **Kö|ni|gin**, die Kö|ni|gin|nen

kön|nen, du kannst,
er konn|te, er hat ge|konnt

das **Kon|to**, die Kon|ten

kont|rol|lie|ren

das **Kon|zert**, die Kon|zer|te

der **Kopf**, die Köp|fe

die **Ko|pie**, die Ko|pi|en

ko|pie|ren

der **Korb**, die Kör|be,
der Brotkorb

der **Kor|ken**, die Kor|ken

das **Korn**, die Kör|ner

der **Kör|per**, die Kör|per

kos|ten

köst|lich

das **Kos|tüm**, die Kos|tü|me,
das Faschingskostüm

das **Ko|te|lett**, die Ko|te|letts

krab|beln

der **Krach**

die **Kraft**, die Kräf|te

kräf|tig

der **Kra|gen**, die Kra|gen

die **Krä|he**, die Krä|hen

die **Kral|le**, die Kral|len

der **Kran**, die Krä|ne

krank ◄ gesund

die **Krank|heit**, die Krank|hei|ten

der **Kranz**, die Krän|ze,
der Adventskranz

das **Kraut**, die Kräu|ter,
das Rotkraut

die **Krei|de**, die Krei|den

der **Kreis**, die Krei|se

krei|schen

der **Krei|sel**, die Krei|sel

die **Kres|se**, die Gartenkresse

das **Kreuz**, die Kreu|ze

die **Kreu|zung**, die Kreu|zun|gen

krie|chen, du kriechst,
er kroch, er ist ge|kro|chen

der **Krieg**, die Krie|ge

der **Kri|mi**, die Kri|mis

die **Krip|pe**, die Krip|pen,
die Kinderkrippe

das **Kro|ko|dil**, die Kro|ko|di|le

der **Kro|kus**, die Kro|kus|se

die **Kro|ne**, die Kro|nen

die **Krö|te**, die Krö|ten,
die Schildkröte

der **Krug**, die Krü|ge

krumm

die **Kü|che**, die Kü|chen
der **Ku|chen**, die Ku|chen,
der Nuss|ku|chen
der **Ku|ckuck**, die Ku|cku|cke
die **Ku|gel**, die Ku|geln,
die Eiskugel
die **Kuh**, die Kü|he
kühl, küh|ler, am kühls|ten
das **Kü|ken**, die Kü|ken
der **Ku|li**, die Ku|lis
die **Kul|tur**, die Kul|tu|ren
der **Kum|mer**
der **Kun|de**, die Kun|den
die **Kunst**, die Küns|te
der **Kür|bis**, die Kür|bis|se
die **Kur|ve**, die Kur|ven
kurz, kür|zer, am kür|zes|ten
ku|scheln
die **Ku|si|ne**, die Ku|si|nen, auch
die Cou|si|ne, die Cou|si|nen
der **Kuss**, die Küs|se
küs|sen
die **Küs|te**, die Küs|ten,
die Ostseeküste

L

lä|cheln
das **La|chen**
la|chen
der **La|den**, die Lä|den
das **La|ger**, die La|ger
lahm, ein lah|mes Pferd
die **Lak|rit|ze**
das **La|ma**, die La|mas
das **Lamm**, die Läm|mer
die **Lam|pe**, die Lam|pen,
die Wandlampe
das **Land**, die Län|der
lang, län|ger, am längs|ten
lang|sam
lang|wei|lig
der **Lap|top**, die Lap|tops
die **Lär|che**, die Lär|chen
der **Lärm**
lär|men
las|sen, du lässt, er ließ,
er hat ge|las|sen
läs|sig
der **Last|kraft|wa|gen**,
die Last|kraft|wa|gen
die **La|ter|ne**, die La|ter|nen

die **Lat|te**, die Lat|ten
das **Laub**
lau|ern
lau|fen, du läufst, er lief,
er ist ge|lau|fen
die **Lau|ne**, die Lau|nen
laut, lau|ter, am lau|tes|ten
die **La|wi|ne**, die La|wi|nen,
die Schneelawine
das **Le|ben**, die Le|ben
le|ben
die **Le|ber**, die Lebern
le|cken
le|cker
das **Le|der**, die Le|der
leer ◀ voll
lee|ren
le|gen
die **Leh|ne**, die Leh|nen,
die Stuhllehne
der **Leh|rer**, die Leh|rer
die **Leh|re|rin**, die Leh|re|rin|nen
der **Leib**, die Lei|ber
die **Lei|che**, die Lei|chen
leicht, leich|ter,
am leich|tes|ten
das **Leid**, die Lei|den, das Mitleid
lei|der
lei|hen, du leihst, er lieh,
er hat ge|lie|hen
lei|se, lei|ser, am lei|ses|ten
die **Leis|te**, die Leis|ten
lei|ten
die **Lei|ter**, die Lei|tern
die **Lei|tung**, die Lei|tun|gen
len|ken
die **Ler|che**, die Ler|chen
ler|nen
le|sen, du liest, er las,
er hat ge|le|sen
letz|te, letz|ten Freitag
leuch|ten
die **Leu|te**
das **Le|xi|kon**, die Le|xi|ka
das **Licht**, die Lich|ter
das **Lid**, die Li|der
lieb, lie|ber, am liebs|ten
lie|ben
der **Lieb|ling**, die Lieb|lin|ge
das **Lied**, die Lie|der
lie|gen, du liegst, er lag,
er hat ge|le|gen

li|la

die **Li|mo|na|de**, die Li|mo|na|den

die **Lin|de**, die Lin|den

das **Li|ne|al**, die Li|ne|a|le

die **Li|nie**, die Li|ni|en

lin|ke, die linke Ecke

links, nach links gehen

die **Lip|pe**, die Lip|pen, die Unterlippe

die **Lis|te**, die Lis|ten

der **Li|ter**, die Li|ter

das **Lob**

das **Loch**, die Lö|cher, das Mauseloch

die **Lo|cke**, die Lo|cken

lo|cker, lo|cke|rer, am lo|ckers|ten

der **Löf|fel**, die Löf|fel, der Esslöffel

der **Lohn**, die Löh|ne

loh|nen, sich lohnen

die **Lo|ko|mo|ti|ve**, die Lo|ko|mo|ti|ven

der **Lol|li**, die Lol|lis

das **Los**, die Lo|se

los

lo|se, lo|ser Zucker

lö|schen

lö|sen

die **Lö|sung**, die Lö|sun|gen

der **Lö|we**, die Lö|wen

die **Lü|cke**, die Lü|cken, die Zahnlücke

die **Luft**, die Lüf|te

die **Lü|ge**, die Lü|gen

lü|gen, du lügst, er log, er hat ge|lo|gen

die **Lun|ge**, die Lun|gen

die **Lu|pe**, die Lu|pen

der **Lurch**, die Lur|che

die **Lust**, die Lüs|te

lustig ◄ traurig, lus|ti|ger, am lus|tigs|ten

lut|schen

M

ma|chen

die **Macht**, die Mäch|te

das **Mäd|chen**, die Mäd|chen

der **Ma|gen**, die Mä|gen,

auch die Ma|gen

ma|ger

der **Mag|net**, die Mag|ne|ten

die **Mäh|ne**, die Mäh|nen, die Löwenmähne

mah|nen

der **Mai**, im Mai

die **Mail**, selten auch das Mail (auch E-Mail)

der **Mais**

die **Mak|ka|ro|ni**, die Mak|ka|ro|nis

ma|len

die **Ma|ma**, die Ma|mas

man

man|che

manch|mal

die **Man|da|ri|ne**, die Man|da|ri|nen

die **Man|del**, die Man|deln

der **Mann**, die Män|ner

der **Man|tel**, die Män|tel, der Wintermantel

die **Map|pe**, die Map|pen

das **Mär|chen**, die Mär|chen

der **Mar|der**, die Mar|der

die **Mar|ga|ri|ne**, die Mar|ga|ri|nen

die **Mark**

die **Mar|ke**, die Mar|ken, die Briefmarke

der **Markt**, die Märk|te, der Supermarkt

die **Mar|me|la|de**, die Mar|me|la|den, die Erdbeermarmelade

der **März**, die Mär|ze

die **Ma|schi|ne**, die Ma|schi|nen

die **Mas|ke**, die Mas|ken

das **Maß**, die Ma|ße

die **Mas|se**, die Mas|sen

das **Ma|te|ri|al**, die Ma|te|ri|a|li|en, das Bastelmaterial

die **Ma|t|rat|ze**, die Ma|t|rat|zen

der **Matsch**, der Schneematsch

matt, sich matt fühlen

die **Mat|te**, die Mat|ten, die Hängematte

die **Mau|er**, die Mau|ern, die Stadtmauer

das **Maul**, die Mäu|ler

die **Maus**, die Mäu|se,
die Feldmaus

das **Maus|pad**, die Maus|pads

die **Me|di|en**, die Massenmedien

die **Me|di|zin**

das **Meer**, die Mee|re

das **Meer|schwein|chen**,
die Meer|schwein|chen

das **Mehl**

meh|lig, ein meh|li|ger Apfel

mehr

mein, mei|ne Eltern

mei|nen

die **Mei|nung**, die Mei|nun|gen

die **Mei|se**, die Mei|sen

meist

meis|tens

der **Meis|ter**, die Meis|ter

mel|den

die **Me|lo|die**, die Me|lo|di|en

die **Me|lo|ne**, die Me|lo|nen,
die Honigmelone

die **Men|ge**, die Men|gen,
eine Menschenmenge

der **Mensch**, die Men|schen

mer|ken

die **Mes|se**, die Mes|sen,
die Automesse

mes|sen, du misst, er maß,
er hat ge|mes|sen

das **Mes|ser**, die Mes|ser,
das Küchenmesser

das **Me|tall**, die Me|tal|le

der **Me|ter**, die Me|ter

mich

die **Mie|ne**, die Mie|nen

die **Mie|te**, die Mie|ten

mie|ten

das **Mi|k|ro|fon**, die Mi|k|ro|fo|ne,
auch das Mi|k|ro|phon,
die Mi|k|ro|pho|ne

das **Mi|k|ro|s|kop**,
die Mi|k|ro|s|ko|pe

die **Milch**, die Kakaomilch

mild, mil|der, am mil|des|ten

die **Mil|li|on**, die Mil|li|o|nen

min|des|tens

die **Mi|nu|te**, die Mi|nu|ten

mir

mi|schen

der **Mist**

mit

M

mit|ei|n|an|der
der **Mit|tag**, die Mit|ta|ge, mit|tags
die **Mit|te**, die Mit|ten
das **Mit|tel**, die Mit|tel
der **Mitt|woch**, die Mitt|wo|che
mi|xen
der **Mi|xer**, die Mi|xer
das **Mö|bel**, die Mö|bel
möch|ten, du möch|test, er moch|te, er hat ge|mocht
die **Mo|de**, die Mo|den
das **Mo|del**, die Mo|dels
mo|dern
mö|gen, du magst, er moch|te, er hat ge|mocht
mög|lich
der **Mohn**, die Mohnblüte
die **Möh|re**, die Möh|ren
der **Molch**, die Mol|che
der **Mo|nat**, die Mo|na|te
der **Mond**, die Mon|de
der **Mo|ni|tor**, die Mo|ni|to|re
das **Mons|ter**, die Mons|ter
der **Mon|tag**, die Mon|ta|ge
das **Moor**, die Moo|re
das **Moos**, die Moo|se
das **Mo|ped**, die Mo|peds
der **Mor|gen**, am Mor|gen, mor|gens
mor|gen, mor|gen Abend
das **Mo|sa|ik**, die Mo|sa|i|ken, auch die Mo|sa|i|ke
der **Mo|tor**, die Mo|to|ren
das **Mo|tor|rad**, die Mo|tor|rä|der
das **Moun|tain|bike**, die Moun|tain|bikes
die **Mö|we**, die Mö|wen
die **Mü|cke**, die Mü|cken
mü|de
die **Mü|he**, die Mü|hen
mü|hen
die **Müh|le**, die Müh|len
der **Müll**
der **Mund**, die Mün|der
mun|ter
die **Mün|ze**, die Mün|zen
die **Mur|mel**, die Mur|meln
das **Mus**, das Kartoffelmus
die **Mu|schel**, die Mu|scheln
das **Mu|se|um**, die Mu|se|en
die **Mu|sik**, die Mu|si|ken,

die Rockmusik
der **Mus|kel**, die Mus|keln
das **Müs|li**, die Müs|lis
müs|sen
der **Mut**
mu|tig ◀ feige
die **Mut|ter**, die Müt|ter
die **Müt|ze**, die Müt|zen,
die Skimütze

N

der **Na|bel**, die Na|bel
nach
der **Nach|bar**, die Nach|barn
die **Nach|ba|rin**,
die Nach|ba|rin|nen
nach|dem
nach|her
der **Nach|mit|tag**,
die Nach|mit|ta|ge
nach|mit|tags
die **Nach|richt**, die Nach|rich|ten
der **Nächs|te**, der Nächs|te bitte
nächst,
in den nächs|ten Ferien
die **Nacht**, die Näch|te
nachts
der **Nach|teil**, die Nach|tei|le
der **Na|cken**, die Na|cken
nackt, nackt baden
die **Na|del**, die Na|deln,
die Stricknadel
der **Na|gel**, die Nä|gel
nah, nä|her, am nächs|ten
die **Nä|he**
nä|hen
die **Nah|rung**, die Nah|run|gen,
die Babynahrung
die **Naht**, die Näh|te
der **Na|me**, die Na|men,
der Familienname
näm|lich
der **Napf**, die Näp|fe
die **Nar|be**, die Nar|ben
die **Nar|zis|se**, die Nar|zis|sen
na|schen
die **Na|se**, die Na|sen
nass ◀ trocken,
nas|ser, am nasses|ten
die **Näs|se**, aber das Nass
die **Na|tur**, die Na|tu|ren

M N

na|tür|lich

der **Ne|bel**, die Ne|bel

neb|lig

ne|ben

ne|ben|ei|n|an|der, nebeneinander sitzen

ne|cken

der **Nef|fe**, die Nef|fen

neh|men, du nimmst, er nahm, er hat ge|nom|men

der **Neid**

nei|disch

nein, nein sagen

die **Nel|ke**, die Nel|ken

nen|nen, du nennst, er nann|te, er hat ge|nannt

das **Nest**, die Nes|ter

nett, net|ter, am net|tes|ten

das **Netz**, die Net|ze

neu, neu|er, am neus|ten, auch am neu|es|ten

die **Neu|gier**, die Neu|gier|de

neu|gie|rig, ein neu|gie|ri|ger Junge

neun

neun|zehn

neun|zig

nicht

die **Nich|te**, die Nich|ten

nichts

nie

nie|der

nied|lich

nied|rig

nie|mals

nie|mand

die **Nie|re**, die Nie|ren

nie|sen

der **Ni|ko|laus**, die Ni|ko|läu|se

nir|gends

die **Ni|xe**, die Ni|xen

noch

der **Nor|den**, nörd|lich

nor|mal

die **Not**, die Nö|te, die Hungersnot

die **No|te**, die No|ten

nö|tig

der **No|vem|ber**, die No|vem|ber

die **Nu|del**, die Nu|deln

null, null Fehler, die Null

die **Num|mer**, die Num|mern

nummerieren

nun

nur

die **Nuss**, die Nüsse

nutzen

der **Nutzen**

nützen

nützlich

O

die **Oase**, die Oasen

ob

oben ◀ unten

der **Oberschenkel**, die Oberschenkel

das **Obst**

obwohl

der **Ochse**, die Ochsen

oder

der **Ofen**, die Öfen

offen

öffnen

oft, öfter, öfters

ohne

das **Ohr**, die Ohren

okay

der **Oktober**

das **Öl**, die Öle

die **Olympiade**, die Olympiaden, die Mathematikolympiade

die **Oma**, die Omas

der **Onkel**, die Onkel

der **Opa**, die Opas

die **Operation**, die Operationen

die **Orange**, die Orangen

orange

ordentlich

ordnen

der **Ordner**, die Ordner

die **Ordnung**

der **Ort**, die Orte

der **Osten**, östlich

das **Ostern**, fröhliche Ostern

der **Ozean**, die Ozeane

P

paar, ein paar Briefe

das **Paar**, die Paare,

das Hochzeitspaar,
ein Paar Strümpfe,
das **Päck|chen**, die Päck|chen
pa|cken
das **Pa|ket**, die Pa|ke|te
die **Pal|me**, die Pal|men
die **Pan|ne**, die Pan|nen
der **Pan|tof|fel**, die Pan|tof|feln
die **Pan|to|mi|me**
der **Pa|pa**, die Pa|pas
das **Pa|pier**, die Pa|pie|re
die **Pap|pe**, die Pap|pen
die **Pap|pel**, die Pap|peln
die **Pa|p|ri|ka**, die Pa|pri|kas,
aber das Gewürz Pa|pri|ka

der **Park**, die Parks
par|ken
der **Part|ner**, die Part|ner
die **Par|ty**, die Par|tys
der **Pass**, die Päs|se
pas|sen
pas|sie|ren
der **Pa|te**, die Pa|ten
der **Pa|ti|ent**, die Pa|ti|en|ten
die **Pau|se**, die Pau|sen
das **Pech**
das **Pe|dal**, die Pe|da|len
pein|lich
der **Pelz**, die Pel|ze
die **Per|le**, die Per|len
die **Per|son**, die Per|so|nen
die **Pe|rü|cke**, die Pe|rü|cken
pet|zen
die **Pfan|ne**, die Pfan|nen
der **Pfef|fer**
pfei|fen, du pfeifst, er pfiff,
er hat ge|pfif|fen
der **Pfeil**, die Pfei|le
das **Pferd**, die Pfer|de
pfif|fig
das **Pfings|ten**, die Pfings|ten
der **Pfir|sich**, die Pfir|si|che
die **Pflan|ze**, die Pflan|zen
pflan|zen
die **Pflau|me**, die Pflau|men
der **Pfle|ger**, die Pfle|ger
pfle|gen
die **Pflicht**, die Pflich|ten
pflü|cken
die **Pfo|te**, die Pfo|ten
die **Pfüt|ze**, die Pfüt|zen
die **Phan|ta|sie**,

die Phan|ta|si|en,
auch die Fan|ta|sie,
die Fan|ta|si|en
der **Pi|ckel**, die Pi|ckel
das **Pick|nick**
der **Pi|lot**, die Pi|lo|ten
der **Pilz**, die Pil|ze
pink, die pin|ke Hose
der **Pin|sel**, die Pin|sel
der **Pi|rat**, die Pi|ra|ten
die **Piz|za**, die Piz|zas,
auch die Piz|zen,
die Piz|ze|ria
das **Pla|kat**, die Pla|ka|te
der **Plan**, die Plä|ne
die **Pla|ne**, die Pla|nen
pla|nen
der **Pla|net**, die Pla|ne|ten
die **Plas|tik**, die Plas|ti|ken
der **Platz**, die Plät|ze,
der Spielplatz
plat|zen
plötz|lich
der **Po**, die Pos
der **Pol**, die Po|le, der Südpol
die **Po|li|zei**, die Po|li|zei|en
der **Po|li|zist**, die Po|li|zis|ten
die **Po|li|zis|tin**,
die Po|li|zis|tin|nen
die **Pom|mes**, Pommes frites
das **Po|ny**, die Po|nys
das **Pop|corn**
das **Port|mo|nee**,
die Port|mo|nees,
auch das Porte|mon|naie
die **Post**
das **Pos|ter**, auch der Pos|ter,
die Pos|ter
prak|tisch
der **Preis**, die Prei|se
die **Pres|se**, die Pres|sen
pri|ma
der **Prinz**, die Prin|zen
die **Prin|zes|sin**,
die Prin|zes|sin|nen
pri|vat
die **Pro|be**, die Pro|ben,
die Theaterprobe
pro|ben
pro|bie|ren
das **Pro|b|lem**, die Pro|b|le|me
das **Pro|dukt**, die Pro|duk|te

P

das **Pro|gramm**,
die Pro|gram|me,
das Fernsehprogramm
prü|fen
die **Prü|fung**, die Prü|fun|gen
der **Pud|ding**, die Pud|dings
der **Pul|li**, die Pul|lis
der **Pul|lo|ver**, die Pul|lo|ver
das **Pul|ver**, die Pul|ver
der **Punkt**, die Punk|te
pünkt|lich
die **Pu|pil|le**, die Pu|pil|len
die **Pup|pe**, die Pup|pen
put|zen
das **Puzz|le**, die Puzz|les
die **Py|ra|mi|de**, die Py|ra|mi|den

Q

das **Qua|d|rat**, die Qua|d|ra|te
qua|ken
die **Qual**, die Qua|len
quä|len
die **Qual|le**, die Qual|len
der **Qualm**
qual|men
der **Quark**
das **Quar|tett**, die Quar|tet|te
der **Quatsch**
die **Quel|le**, die Quel|len
quer, kreuz und quer
der **Quirl**, die Quir|le
das **Quiz**

R

der **Ra|be**, die Ra|ben
das **Rad**, die Rä|der
das **Ra|dies|chen**,
die Ra|dies|chen
das **Ra|dio**, die Ra|di|os
der **Rah|men**, die Rah|men,
der Bilderrahmen
die **Ra|ke|te**, die Ra|ke|ten
die **Ral|lye**, die Ral|lyes
der **Rand**, die Rän|der
rasch
ra|sen
der **Ra|sen**
der **Rat**, ein guter Rat,
der Verrat
der **Rat**, die Rä|te,

der Schülerrat

ra|ten, du rätst, er riet,

er hat ge|ra|ten

das **Rät|sel**, die Rät|sel,

das Kreuzworträtsel

die **Rat|te**, die Rat|ten

rau

der **Räu|ber**, die Räu|ber

der **Rauch**

rau|chen

der **Rau|cher**, die Rau|cher

der **Raum**, die Räu|me

räu|men

die **Rau|pe**, die Rau|pen

raus (heraus)

rau|schen

rech|nen

das **Recht**, die Rech|te,

die Menschenrechte

rech|te, die rech|te Hand

rechts, rechts oder links

das **Re|cy|c|ling**

re|den

das **Re|gal**, die Re|ga|le,

das Bücherregal

die **Re|gel**, die Re|geln,

die Spielregeln

der **Re|gen**

reg|nen

reg|ne|risch,

ein reg|ne|ri|scher Tag

das **Reh**, die Re|he

rei|ben, du reibst, er rieb,

er hat ge|rie|ben

reich ◀ arm,

rei|cher, am reichs|ten

rei|chen

reif

der **Rei|fen**, die Rei|fen,

der Autoreifen

die **Rei|he**, die Rei|hen

der **Reim**, die Rei|me,

der Kinderreim

rein (herein)

rein, rei|nes Wasser

der **Reis**, der Milchreis

die **Rei|se**, die Rei|sen,

die Schiffsreise

rei|sen

rei|ßen, du reißt, er riss,

er hat ge|ris|sen

rei|ten, du rei|test, er ritt,

er ist ge|rit|ten
der **Re|kord**, die Re|kor|de
ren|nen, du rennst,
er rann|te, er ist ge|rannt
die **Re|pa|ra|tur**,
die Re|pa|ra|tu|ren,
die Autoreparatur
re|pa|rie|ren
re|ser|vie|ren
der **Rest**, die Res|te,
der Stoffrest
ret|ten
rich|tig ◀ falsch
die **Rich|tung**, die Rich|tun|gen
rie|chen, du riechst, er roch,
er hat ge|ro|chen
der **Rie|gel**, die Rie|gel,
der Müsliriegel
der **Rie|se**, die Rie|sen
rie|sig, eine rie|si|ge Portion
das **Rind**, die Rin|der
der **Ring**, die Rin|ge,
der Freundschaftsring
rin|gen, du ringst, er rang,
er hat ge|run|gen
der **Riss**, die Ris|se
der **Rit|ter**, die Rit|ter
der **Ro|bo|ter**, die Ro|bo|ter
der **Rock**, die Rö|cke,
der Jeansrock
ro|deln
der **Rog|gen**
roh
das **Rohr**, die Roh|re,
das Wasserrohr
die **Röh|re**, die Röh|ren,
die Backröhre
die **Rol|le**, die Rol|len,
die Papierrolle
rol|len
der **Rol|ler**, die Rol|ler
ro|sa, der rosa Stein
die **Ro|se**, die Ro|sen
die **Ro|si|ne**, die Ro|si|nen
ros|ten
ros|tig
rot, röt|lich
die **Rü|be**, die Rü|ben,
die Zuckerrübe
der **Rü|cken**, die Rü|cken
rü|cken
das **Ru|der**, die Ru|der

R

ru|fen, du rufst, er rief, er hat ge|ru|fen

die **Ru|he**, die Un|ru|he

ru|hen

ru|hig

rüh|ren

der **Rumpf**, die Rümp|fe

rund, ein run|der Tisch

rut|schen

S

der **Saal**, die Sä|le, der Konzertsaal

die **Saat**, die Saa|ten

die **Sa|che**, die Sa|chen, die Hauptsache

der **Sack**, die Sä|cke, der Rucksack

sä|en

der **Saft**, die Säf|te

saf|tig, eine saf|ti|ge Birne

die **Sä|ge**, die Sä|gen

sa|gen

die **Sah|ne**, die Schlagsahne

sah|nig, sah|ni|ges Eis

die **Sa|la|mi**, die Sa|la|mis

der **Sa|lat**, die Sa|la|te, der Kopfsalat

die **Sal|be**, die Sal|ben

das **Salz**, die Sal|ze

sal|zig

der **Sa|men**, die Sa|men, der Blumensamen

sam|meln

der **Sams|tag**, die Sams|ta|ge

der **Sand**, die San|de

san|dig

die **San|da|le**, die San|da|len

der **Sän|ger**, die Sän|ger

die **Sän|ge|rin**, die Sän|ge|rin|nen

satt ◀ hungrig

der **Sat|tel**, die Sat|tel, der Fahrradsattel

der **Satz**, die Sät|ze

die **Sau**, die Säue, auch die Sau|en

sau|ber, sau|be|rer, am sau|bers|ten

sau|er, säu|er|lich

sau|fen, es säuft, es soff,

es hat ge|sof|fen

sau|gen

die **Säu|le**, die Säu|len

sau|sen

die **S-Bahn**, die S-Bah|nen

die **Schach|tel**, die Schach|teln

scha|de

der **Scha|den**, die Schä|den, der Autoschaden

schäd|lich, der Schäd|ling, die Schäd|lin|ge

das **Schaf**, die Scha|fe

schaf|fen

der **Schal**, die Schals, der Wollschal

die **Scha|le**, die Scha|len, die Apfelsinenschale

schä|len

schal|len

schal|ten

der **Schal|ter**, die Schal|ter, der Hauptschalter

schä|men, sich schä|men

scharf, schär|fer, am schärfs|ten

die **Schär|fe**, die Schär|fen

der **Schat|ten**, die Schat|ten

der **Schatz**, die Schät|ze

schau|en

die **Schau|fel**, die Schau|feln

die **Schau|kel**, die Schau|keln

der **Schaum**, die Schäu|me

schau|mig

die **Schei|be**, die Schei|ben, die Fensterscheibe

die **Schei|dung**, die Schei|dun|gen

schei|nen, sie scheint, sie schien, sie hat ge|schie|nen

der **Schen|kel**, die Schen|kel, der Unterschenkel

schen|ken

die **Sche|re**, die Sche|ren

scheu, ein scheu|er Hund

die **Scheu|ne**, die Scheu|nen

der **Schi**, die Schi|er, auch der Ski, die Ski|er

die **Schicht**, die Schich|ten, die Nachtschicht

schi|cken

schie|ben, du schiebst,

er schob,
er hat ge|scho|ben
schief ◀ gerade
die **Schie|ne**, die Schie|nen
schie|ßen, du schießt,
er schoss,
er hat ge|schos|sen
das **Schiff**, die Schif|fe
das **Schild**, die Schil|der,
die Verkehrsschilder
das **Schilf**
der **Schim|mel**, die Schim|mel
schimp|fen
der **Schin|ken**, die Schin|ken
der **Schirm**, die Schir|me,
der Sonnenschirm
schlach|ten
schla|fen, du schläfst,
er schlief,
er hat ge|schla|fen
schlaff
schla|gen, du schlägst,
er schlug,
er hat ge|schla|gen
der **Schla|ger**, die Schla|ger
der **Schlamm**, schlam|mig

die **Schlan|ge**, die Schlan|gen,
die Wasserschlange
schlank, schlan|ker,
am schlan|kes|ten
schlapp, schlapp sein
schlau, schlau|er,
am schlaus|ten
der **Schlauch**, die Schläu|che,
der Fahrradschlauch
schlecht, schlech|ter,
am schlech|tes|ten
schlei|chen, du schleichst,
er schlich,
er ist ge|schli|chen
die **Schlei|fe**, die Schlei|fen
schlep|pen
schleu|dern
die **Schleu|se**, die Schleu|sen
schlie|ßen, du schließt,
er schloss,
er hat ge|schlos|sen
schließ|lich
schlimm
schlin|gen, du schlingst,
er schlang,
er hat ge|schlun|gen

S

der **Schlit|ten**, die Schlit|ten

der **Schlitz**, die Schlit|ze,
der Hosenschlitz

das **Schloss**, die Schlös|ser

schlu|cken

schlüp|fen

der **Schluss**, die Schlüs|se,
der Abschluss

der **Schlüs|sel**, die Schlüs|sel,
der Haustürschlüssel

schmal ◀ breit,
schma|ler, am schmals|ten

schme|cken

schmei|ßen, du schmeißt,
er schmiss,
er hat ge|schmis|sen

schmel|zen, es schmilzt,
es schmolz,
es ist ge|schmol|zen

der **Schmerz**, die Schmer|zen,
die Kopfschmerzen

der **Schmet|ter|ling**,
die Schmet|ter|lin|ge

schmin|ken, sich schminken

der **Schmuck**,
der Silberschmuck

schmü|cken

schmun|zeln

der **Schmutz**

schmut|zig ◀ sauber

der **Schna|bel**, die Schnä|bel

schnar|chen

die **Schnau|ze**, die Schnau|zen

die **Schne|cke**, die Schne|cken

der **Schnee**

schnei|den, du schnei|dest,
er schnitt,
er hat ge|schnit|ten

schnei|en

schnell ◀ langsam,
schnel|ler, am schnells|ten

der **Schnip|sel**, auch das
Schnip|sel, die Schnip|sel,
die Papierschnipsel

der **Schnitt**, die Schnit|te,
der Haarschnitt

das **Schnit|zel**, die Schnit|zel

der **Schnup|fen**,
der Heuschnupfen

die **Schnur**, die Schnü|re

schnü|ren

die **Scho|ko|la|de**,

S

die Scho|ko|la|den
schon
schön, schö|ner,
am schöns|ten
der **Schorn|stein**,
die Schorn|stei|ne
schräg, schrä|ger,
am schrägs|ten
die **Schram|me**,
die Schram|men
der **Schrank**, die Schrän|ke,
der Kleiderschrank
die **Schrau|be**, die Schrau|ben
der **Schreck**, die Schre|cken
schreck|lich
schrei|ben, du schreibst,
er schrieb,
er hat ge|schrie|ben
schrei|en, du schreist,
er schrie, er hat ge|schrien
die **Schrift**, die Schrif|ten,
die Handschrift
der **Schritt**, die Schrit|te
schüch|tern,
schüchtern sein,
ein schüch|ter|ner Mensch

der **Schuh**, die Schu|he,
die Hausschuhe
die **Schuld**, die Schul|den
schul|dig,
sich schuldig machen
die **Schu|le**, die Schu|len,
die Fahrschule
der **Schü|ler**, die Schü|ler
die **Schü|le|rin**,
die Schü|le|rin|nen
der **Schul|lei|ter**, die Schul|lei|ter
die **Schul|lei|te|rin**,
die Schul|lei|te|rin|nen
die **Schul|ter**, die Schul|tern
schum|meln
die **Schür|ze**, die Schür|zen,
die Werkschürze
der **Schuss**, die Schüs|se
die **Schüs|sel**, die Schüs|seln,
die Salatschüssel
schüt|teln
schüt|ten
der **Schutz**, die Schut|ze
schüt|zen
schwach, schwä|cher,
am schwächs|ten

die **Schwal|be**, die Schwal|ben
der **Schwamm**, die Schwäm|me
der **Schwan**, die Schwä|ne
der **Schwanz**, die Schwän|ze
schwarz
schwei|gen, du schweigst, er schwieg, er hat ge|schwie|gen
das **Schwein**, die Schwei|ne, das Wildschwein
der **Schweiß**
schwer ◀ leicht, schwe|rer, am schwers|ten
das **Schwert**, die Schwer|ter
die **Schwes|ter**, die Schwes|tern
schwie|rig ◀ einfach, schwie|ri|ger, am schwie|rigs|ten
schwim|men, du schwimmst, er schwamm, er ist ge|schwom|men
schwit|zen
sechs
sech|zehn
sech|zig
der **See**, die Se|en, aber die See
se|geln
se|hen, du siehst, er sah, er hat ge|se|hen
sehr
seid, ihr seid ➡ sein
die **Sei|fe**, die Sei|fen
das **Seil**, die Sei|le, das Springseil
sein, sei|ne Karten
sein, du bist, er war, er ist ge|we|sen
seit, seit gestern
seit|dem
die **Sei|te**, die Sei|ten, die Heftseite
die **Se|kun|de**, die Se|kun|den
selbst
sel|ten
selt|sam
die **Sem|mel**, die Sem|meln
sen|den
die **Sen|dung**, die Sen|dun|gen, die Fernsehsendung
der **Senf**
der **Sep|tem|ber**
der **Ses|sel**, die Ses|sel

S

set|zen

das **Shirt**, die Shirts, das T-Shirt

die **Show**, die Shows

sich, sich bedanken, Er kauft sich ein Buch.

si|cher ◀ un|si|cher

sie, sie liest, Ich kämme sie.

das **Sieb**, die Sie|be, das Teesieb

sie|ben, durch|sie|ben

sie|ben, sieben Stunden

sieb|zehn

sieb|zig

sie|gen

der **Sie|ger**, die Sie|ger

das **Sig|nal**, die Sig|na|le

die **Sil|be**, die Sil|ben

das **Sil|ber**

das **Sil|ves|ter**

sind, wir sind ➡ sein

sin|gen, du singst, er sang, er hat ge|sun|gen

sin|ken, du sinkst, er sank, er ist ge|sun|ken

der **Si|rup**, die Si|ru|pe

sit|zen, du sitzt, er saß, er hat ge|ses|sen

das **Skate|board**, die Skate|boards

das **Ske|lett**, die Ske|let|te

der **Ski**, die Ski|er, auch der Schi, die Schi|er

die **Skiz|ze**, die Skiz|zen

der **Slip**, die Slips

das **Snow|board**, die Snow|boards

so

so|bald

die **So|cke**, auch der So|cken, die So|cken

so|dass, auch so dass

das **So|fa**, die So|fas

die **Soft|wa|re**

so|fort

so|gar

so|gleich

die **Soh|le**, die Soh|len, die Schuhsohle

der **Sohn**, die Söh|ne

so|lan|ge

sol|len

der **Som|mer**, die Som|mer

som|mer|lich

son|dern

der **Song**, die Songs, der Lieblingssong

der **Sonn|a|bend**, die Sonn|a|ben|de, sonn|a|bends

die **Son|ne**, die Son|nen

son|nen, sich sonnen

son|nig

der **Sonn|tag**, die Sonn|ta|ge

sonst

die **Sor|ge**, die Sor|gen

sor|gen, sich sor|gen

sorg|fäl|tig

die **So|ße**, die So|ßen, die Tomatensoße

die **Spa|get|ti**, auch die Spa|ghet|ti

der **Span**, die Spä|ne

die **Span|ge**, die Span|gen, die Zahnspangen

Spa|ni|en, spa|nisch

span|nen

span|nend

spa|ren

der **Spar|gel**, die Spar|gel

der **Spaß**, die Spä|ße

spa|ßig

spät, spä|ter

der **Spa|ten**, die Spa|ten

der **Spatz**, die Spat|zen

spa|zie|ren

spa|zie|ren ge|hen

der **Specht**, die Spech|te

der **Speck**

der **Speer**, die Spee|re

die **Spei|che**, die Spei|chen, die Fahrradspeiche

der **Sper|ling**, die Sper|lin|ge

sper|ren

der **Spie|gel**, die Spie|gel

das **Spiel**, die Spie|le, das Fußballspiel

spie|len

der **Spi|nat**

die **Spin|ne**, die Spin|nen, die Kreuzspinne

spitz ◀ stumpf, spit|zer, am spit|zes|ten

die **Spit|ze**, die Spit|zen, die Nadelspitze

S

der **Sport**, der Kraftsport
der **Sport|ler**, die Sport|ler
sport|lich
spot|ten
die **Spra|che**, die Spra|chen, die Fremdsprache
spre|chen, du sprichst, er sprach, er hat ge|spro|chen
sprin|gen, du springst, er sprang, er ist ge|sprun|gen
die **Sprit|ze**, die Sprit|zen
sprit|zen
der **Spruch**, die Sprü|che
sprü|hen
der **Sprung**, die Sprün|ge, der Kopfsprung
der **Spuk**
die **Spü|le**, die Spü|len
spü|len
die **Spur**, die Spu|ren, die Fußspur
der **Staat**, die Staa|ten
der **Stab**, die Stä|be
sta|bil
der **Sta|chel**, die Sta|cheln
das **Sta|di|on**, die Sta|di|en
die **Stadt**, die Städ|te, die Hauptstadt
die **Staf|fel**, die Staf|feln
der **Stall**, die Stäl|le, der Schafstall
der **Stamm**, die Stäm|me, der Baumstamm
der **Stand**, die Stän|de, der Zeitungsstand
die **Stan|ge**, die Stan|gen, die Kletterstange
der **Stän|gel**, die Stän|gel
der **Star**, die Sta|re
der **Star**, die Stars
stark ◄ schwach, stär|ker, am stärks|ten
der **Start**, die Starts
die **Sta|ti|on**, die Sta|ti|o|nen, die Endstation
statt, an|statt, statt|dessen
der **Stau**, die Staus
der **Staub**, die Stau|be
stau|nen
ste|chen, du stichst,

er stach, er hat ge|sto|chen

ste|cken

ste|hen, du stehst, er stand, er hat ge|stan|den

steh|len, du stiehlst, er stahl, er hat ge|stoh|len

steif

stei|gen, du steigst, du stiegst, du bist ge|stie|gen

steil, stei|ler, am steils|ten

der **Stein**, die Stei|ne

die **Stel|le**, die Stel|len, die Baustellen

stel|len

der **Stem|pel**, die Stem|pel

ster|ben, du stirbst, er starb, er ist ge|stor|ben

S

der **Stern**, die Ster|ne

das **Steu|er**, aber die Steu|er

der **Stich**, die Sti|che, der Wespenstich

der **Sti|cker**, die Sti|cker

der **Stie|fel**, die Stie|fel, die Gummistiefel

der **Stiel**, die Stie|le

der **Stift**, die Stif|te, die Bleistifte

still

die **Stim|me**, die Stim|men

stin|ken, es stinkt, es stank, es hat ge|stun|ken

die **Stirn**, die Stir|nen

der **Stock**, die Stö|cke, der Wanderstock

der **Stoff**, die Stof|fe

stol|pern

stolz, stol|zer, am stol|zes|ten

der **Stolz**

der **Stopp**, die Stopps

stop|pen

der **Storch**, die Stör|che

stö|ren

sto|ßen, du stößt, er stieß, er hat ge|sto|ßen

stot|tern

die **Stra|fe**, die Stra|fen

der **Strand**, die Strän|de

die **Stra|ße**, die Stra|ßen, die Nebenstraße

der **Strauch**, die Sträu|cher

der **Strauß**, die Sträu|ße,
der Blumenstrauß
die **Stre|cke**, die Stre|cken
stre|cken, sich strecken
strei|cheln
strei|chen, du streichst,
er strich, er hat ge|stri|chen
der **Strei|fen**, die Strei|fen,
der Zebrastreifen
der **Streit**, die Strei|te
strei|ten, du strei|test,
er stritt, er hat ge|strit|ten
streng, stren|ger,
am strengs|ten
der **Stress**
stres|sig
streu|en
der **Strich**, die Stri|che,
der Pinselstrich
stri|cken
das **Stroh**
der **Strom**, die Strö|me
die **Stro|phe**, die Stro|phen
der **Strumpf**, die Strümp|fe
die **Stu|be**, die Stu|ben,
die Wohnstube

das **Stück**, die Stü|cke,
das Geldstück
der **Stuhl**, die Stüh|le,
der Schaukelstuhl
die **Stun|de**, die Stun|den
stur, ein stu|rer Kopf
der **Sturm**, die Stür|me
der **Sturz**, die Stür|ze,
der Absturz
stür|zen
die **Stu|te**, die Stu|ten
stüt|zen
su|chen
die **Sucht**, die Süch|te, auch
Such|ten, die Drogensucht
der **Sü|den**, süd|lich
sum|men
der **Sumpf**, die Sümp|fe
su|per
die **Sup|pe**, die Sup|pen,
die Gemüsesuppe
sur|fen
süß ◀ sauer,
sü|ßer, am sü|ßes|ten
die **Sü|ßig|keit**,
die Sü|ßig|kei|ten

T

die **Ta|bel|le**, die Ta|bel|len
die **Tab|let|te**, die Tab|let|ten
der **Ta|del**, die Ta|del
die **Ta|fel**, die Ta|feln
der **Tag**, die Ta|ge
täg|lich
das **Tal**, die Tä|ler
die **Tan|ne**, die Tan|nen
die **Tan|te**, die Tan|ten
der **Tanz**, die Tän|ze
tan|zen
die **Ta|pe|te**, die Ta|pe|ten
tap|fer
tar|nen, sich tarnen
die **Ta|sche**, die Ta|schen,
die Handtasche
die **Tas|se**, die Tas|sen,
die Kaffeetasse
die **Tas|ta|tur**, die Tas|ta|tu|ren
die **Tas|te**, die Tas|ten
tas|ten
der **Tau**, aber das Tau
taub, taub sein
die **Tau|be**, die Tau|ben,
die Brieftaube
tau|chen
die **Tau|fe**, die Tau|fen
tau|schen
täu|schen, sich täuschen
tau|send
das **Ta|xi**, die Ta|xis
die **Tech|nik**, die Tech|ni|ken
tech|nisch,
ein tech|ni|scher Beruf
der **Ted|dy**, die Ted|dys
der **Tee**, die Tees,
der Pfefferminztee
der **Teer**, die Tee|re
der **Teich**, die Tei|che
der **Teig**, die Tei|ge,
der Pizzateig
der **Teil**, aber das Teil, die Tei|le
tei|len
das **Te|le|fon**, die Te|le|fo|ne,
das Mo|bil|te|le|fon
te|le|fo|nie|ren
der **Tel|ler**, die Tel|ler
die **Tem|pe|ra|tur**,
die Tem|pe|ra|tu|ren
das **Tem|po**, die Tem|pos,
auch die Tem|pi

das **Ten|nis**
der **Tep|pich**, die Tep|pi|che
der **Ter|min**, die Ter|mi|ne,
der Arzttermin
das **Ter|ra|ri|um**, die Ter|ra|ri|en
die **Ter|ras|se**, die Ter|ras|sen
der **Test**, die Tests
teu|er ◀ billig,
teu|rer, am teu|ers|ten
der **Teu|fel**, die Teu|fel
der **Text**, die Tex|te,
der Lesetext
das **The|a|ter**, die The|a|ter,
das Puppentheater
das **The|ma**, die The|men
das **Ther|mo|me|ter**,
die Ther|mo|me|ter
das **Ti|cket**, die Ti|ckets,
das Flugticket
tief, tie|fer, am tiefs|ten
die **Tie|fe**, die Tie|fen,
die Meerestiefe
das **Tier**, die Tie|re, das Haustier
der **Ti|ger**, die Ti|ger
die **Tin|te**, die Tin|ten
der **Tipp**, die Tipps,
der Einkaufstipp
tip|pen
der **Tisch**, die Ti|sche,
der Schreibtisch
der **Toast**, die Toasts
der **Toas|ter**, die Toas|ter
der **Ti|tel**, die Ti|tel
to|ben
die **Toch|ter**, die Töch|ter
der **Tod**
die **To|i|let|te**, die To|i|let|ten,
die Damentoilette
toll
die **To|ma|te**, die To|ma|ten
die **Ton|ne**, die Ton|nen,
die Mülltonne
der **Topf**, die Töp|fe,
der Kochtopf
das **Tor**, die To|re, das Fußballtor
die **Tor|te**, die Tor|ten,
die Sahnetorte
tot, tot sein, aber der Tod
tö|ten
der **Tou|rist**, die Tou|ris|ten
tra|gen, du trägst, er trug,
er hat ge|tra|gen

T

trai|nie|ren
tram|peln
die **Trä|ne**, die Trä|nen
der **Trans|port**, die Trans|por|te
trans|por|tie|ren
die **Trau|be**, die Trau|ben, die Weintraube
trau|en, sich trauen
trau|ern
der **Traum**, die Träu|me, der Alptraum
träu|men
tref|fen, du triffst, er traf, er hat ge|trof|fen
trei|ben, du treibst, er trieb, er hat ge|trie|ben
tren|nen
die **Trep|pe**, die Trep|pen, die Rolltreppe
tre|ten, du trittst, er trat, er hat ge|tre|ten
treu
der **Trick**, die Tricks, der Zaubertrick
trin|ken, du trinkst, er trank, er hat ge|trun|ken
tro|cken, die Tro|cken|heit
trock|nen
trö|deln
die **Trom|mel**, die Trom|meln
die **Trom|pe|te**, die Trom|pe|ten
der **Trop|fen**, die Trop|fen, die Regentropfen
trös|ten, der Trost
trotz
trotz|dem
trüb
der **Tru|bel**
die **Tru|he**, die Tru|hen, die Schatztruhe
tschüs, auch tschüss
das **T-Shirt**, die T-Shirts
die **Tu|be**, die Tu|ben
das **Tuch**, die Tü|cher, das Halstuch
tüch|tig
die **Tul|pe**, die Tul|pen
tum|meln, sich tum|meln
der **Tüm|pel**, die Tüm|pel
der **Tun|nel**, die Tun|nel, der Autobahntunnel
der **Tup|fen**, die Tup|fen

die **Tür**, die Tü|ren
tür|kis, türkisblaues Wasser
der **Turm**, die Tür|me,
der Leuchtturm
tur|nen
tu|scheln
die **Tü|te**, die Tü|ten,
die Papiertüte

U

die **U-Bahn**, die U-Bah|nen
ü|bel
die **Ü|bel|keit**
ü|ben
ü|ber
ü|ber|all
der **Ü|ber|blick**
ü|ber|haupt
der **Ü|ber|mut**
ü|ber|mü|tig,
ein ü|ber|mü|ti|ges Kind
ü|ber|que|ren
ü|ber|ra|schen
die **Ü|ber|ra|schung**,
die Ü|ber|ra|schun|gen

die **Ü|ber|schrift**,
die Ü|ber|schrif|ten
ü|ber|trei|ben,
du ü|ber|treibst,
er ü|ber|trieb,
er hat ü|ber|trie|ben
der **Ü|ber|weg**, die Ü|ber|we|ge,
der Fußgängerüberweg
über|zeu|gen,
sich überzeugen
üb|lich
üb|rig, etwas ist übrig
die **Ü|bung**, die Ü|bun|gen
das **U|fer**, die U|fer
die **Uhr**, die Uh|ren,
die Armbanduhr
der **U|hu**, die U|hus
um
um|ar|men
die **Um|ge|bung**
um|her
ums (um das)
um|so, umso mehr
um|sonst
der **Um|weg**, die Um|we|ge
die **Um|welt**

der **Um|zug**, die Um|zü|ge
un|be|dingt
un|be|kannt,
ein un|be|kann|ter Maler
un|be|stimmt
un|be|wusst
und
der **Un|fall**, die Un|fäl|le
un|freund|lich
un|ge|dul|dig
un|ge|fähr
un|ge|recht
un|gern
das **Un|glück**, die Un|glü|cke
un|glück|lich
un|gül|tig,
eine un|gül|ti|ge Fahrkarte
un|heim|lich
die **U|ni|form**, die U|ni|formen
un|klar
das **Un|kraut**, die Un|kräu|ter
un|mög|lich
un|nö|tig
die **Un|ru|he**, die Un|ru|hen
un|ru|hig
uns
un|ser, un|se|re,
un|se|ren Eltern danken
die **Un|schuld**
un|schul|dig,
ein un|schul|di|ger
Angeklagter
der **Un|sinn**
un|sin|nig
un|ten
un|ter
die **Un|ter|füh|rung**,
die Un|ter|füh|run|gen
un|ter|hal|ten,
sich unterhalten
der **Un|ter|richt**,
der Sportunterricht
der **Un|ter|schied**,
die Un|ter|schie|de
die **Un|ter|schrift**,
die Un|ter|schrif|ten
un|ter|wegs
un|zu|frie|den
die **Ur|groß|el|tern**
die **Ur|groß|mut|ter**,
die Ur|groß|müt|ter
der **Ur|groß|va|ter**,

die Ur|groß|vä|ter

die **Ur|kun|de**, die Ur|kun|den

der **Ur|laub**, die Ur|lau|be,
im Winterurlaub sein

der **Ur|lau|ber**, die Ur|lau|ber

die **Ur|sa|che**, die Ur|sa|chen

das **Ur|teil**, die Ur|tei|le

der **Ur|wald**, die Ur|wäl|der

V

die **Va|nil|le**

die **Va|se**, die Va|sen,
die Blumenvase

der **Va|ter**, die Vä|ter

das **Veil|chen**, die Veil|chen

ver|ab|re|den,
sich verabreden

ver|ab|schie|den,
sich verabschieden

ver|bie|ten, du ver|bie|test,
er ver|bat, er hat ver|bo|ten

ver|bin|den,
du ver|bin|dest, er ver|band,
er hat ver|bun|den

ver|brau|chen

ver|bren|nen, du ver|brennst,
er ver|brann|te,
er ist ver|brannt

die **Ver|bren|nung**,
die Ver|bren|nun|gen

ver|dop|peln

der **Ver|ein**, die Ver|ei|ne,
der Sportverein

ver|ges|sen, du ver|gisst,
er ver|gaß,
er hat ver|ges|sen

ver|gess|lich

ver|gif|ten

der **Ver|kauf**, die Ver|käu|fe

ver|kau|fen

der **Ver|käu|fer**, die Ver|käu|fer

die **Ver|käu|fe|rin**,
die Ver|käu|fe|rin|nen

der **Ver|kehr**

ver|kehrt ◀ richtig

ver|klei|den, sich verkleiden

ver|let|zen, sich verletzen

ver|lie|ben, sich verlieben,
ver|liebt sein

ver|lie|ren, du ver|lierst,
er ver|lor, er hat ver|lo|ren

ver|mis|sen

ver|pa|cken

die **Ver|pa|ckung**, die Ver|pa|ckun|gen

ver|ra|ten, du ver|rätst, er ver|riet, er hat ver|ra|ten

ver|rei|sen

der **Vers**, die Ver|se

die **Ver|samm|lung**, die Ver|samm|lun|gen, die Elternversammlung

ver|schie|den

ver|schla|fen, du ver|schläfst, er ver|schlief, er hat ver|schla|fen

ver|schwin|den, du ver|schwin|dest, er ver|schwand, er ist ver|schwun|den

ver|spä|ten, sich verspäten

ver|spre|chen, du ver|sprichst, er ver|sprach, er hat ver|spro|chen

ver|söh|nen, sich versöhnen

ver|stän|di|gen, sich verständigen

ver|ste|cken, sich verstecken

ver|ste|hen, du ver|stehst, er ver|stand, er hat ver|stan|den

ver|su|chen

ver|tei|len

ver|tra|gen, sich vertragen, du ver|trägst dich, er ver|trug sich, er hat sich ver|tra|gen

das **Ver|trau|en**, das Miss|trau|en

ver|wandt, miteinander verwandt sein

der **Ver|wand|te**, die Ver|wand|ten,

die **Ver|wandt|schaft**

ver|wech|seln

das **Ver|zeich|nis**, die Ver|zeich|nis|se, das Wörterverzeichnis

ver|zei|hen, du ver|zeihst, er ver|zieh, er hat ver|zie|hen das **Vi|deo**, die Vi|de|os

das **Vieh**

viel

vie|le

viel|leicht

vie|les

vier

vier|zehn

vier|zig

die **Vil|la**, die Vil|len

vi|o|lett

das **Vi|ta|min**, die Vi|ta|mi|ne

der **Vo|gel**, die Vö|gel

das **Volk**, die Völ|ker

voll

völ|lig

voll|stän|dig

vom

von

vor

vor|bei

das **Vor|bild**, die Vor|bil|der

die **Vor|fahrt**

der **Vor|hang**, die Vor|hän|ge

vor|her

vor|läu|fig

der **Vor|mit|tag**,
die Vor|mit|ta|ge

vor|mit|tags

vorn

der **Vor|na|me**, die Vor|na|men

der **Vor|rat**, die Vor|rä|te,
der Wintervorrat

der **Vor|schlag**, die Vor|schlä|ge

die **Vor|sicht**

vor|sich|tig

vo|r|ü|ber

vor|wärts

der **Vul|kan**, die Vul|ka|ne

W

die **Waa|ge**, die Waa|gen,
die Küchenwaage

wach, wach|sam

wa|chen

der **Wachs**, die Wach|se,
der Kerzenwachs

wach|sen, du wächst,
er wuchs, er ist ge|wach|sen

wa|ckeln

die **Wa|de**, die Wa|den

die **Waf|fel**, die Waf|feln
wa|gen, sich wa|gen
der **Wa|gen**, die Wa|gen,
der Puppenwagen
der **Wag|gon**, die Wag|gons,
auch der Wa|gon,
die Wa|gons,
die Eisenbahnwaggons
die **Wahl**, die Wah|len,
die Auswahl
wäh|len
wahr ◀ falsch
wahr|schein|lich
wäh|rend
die **Wai|se**, die Wai|sen
der **Wal**, die Wa|le
der **Wald**, die Wäl|der,
der Mischwald
der **Walk|man**, die Walk|men,
auch die Walk|mans
die **Wand**, die Wän|de,
die Hauswand
wan|dern
die **Wan|ge**, die Wan|gen
wann
die **Wan|ne**, die Wan|nen,
die Badewanne
das **Wap|pen**, die Wap|pen,
das Stadtwappen
war, er war ➡ sein
die **Wa|re**, die Wa|ren
warm,
wär|mer, am wärms|ten
war|nen
war|ten
wa|r|um
was
wa|schen, du wäschst,
er wusch, er hat
ge|wa|schen
das **Was|ser**, das Trinkwasser
wäss|rig
die **Wat|te**
wech|seln
we|cken
der **We|cker**, die We|cker,
der Radiowecker
we|der, weder ... noch
der **Weg**, die We|ge,
der Waldweg
weg
we|gen

we|hen
weh|ren, sich wehren
weich, wei|cher, am weichs|ten
die **Wei|de**, die Wei|den
das **Weih|nach|ten**
weil
die **Wei|le**, die Langeweile
wei|nen
wei|se, ein wei|ser Mann
weiß, ein wei|ßes Blatt
weit, wei|ter, am wei|tes|ten
wei|ter, weitergehen
wel|che, wel|cher, wel|ches
wel|ken
die **Wel|le**, die Wel|len
die **Welt**, die Wel|ten
wem
wen
wen|den
we|nig
we|nige, we|nige Tage
wenn
wer
die **Wer|bung**, die Wer|bun|gen
wer|den, du wirst, er wur|de, er ist ge|wor|den
wer|fen, du wirfst, er warf, er hat ge|wor|fen
das **Werk**, die Wer|ke
wert|voll
wes|halb
die **Wes|pe**, die Wes|pen
wes|sen
der **Wes|ten**, west|lich
die **Wet|te**, die Wet|ten
wet|ten
das **Wet|ter**
wich|tig, wich|ti|ger, am wich|tigs|ten
wi|ckeln
wi|der (gegen)
wie, wie lange, wie viel,
wie|der
das **Wie|der|se|hen**
wie|gen, du wiegst, er wog, er hat ge|wo|gen
die **Wie|se**, die Wie|sen
wie|so
wild, wil|der, am wil|des|ten
will|kom|men, herzlich willkommen,

das Will|kom|men
die **Wim|per**, die Wim|pern
der **Wind**, die Win|de
win|dig
der **Win|kel**, die Win|kel
der **Win|ter**, die Win|ter
win|zig
wip|pen
wir
wirk|lich
wi|schen
wis|sen, du weißt,
er wuss|te, er hat ge|wusst
der **Witz**, die Wit|ze
wit|zig
wo
die **Wo|che**, die Wo|chen
wö|chent|lich,
wöchentlich trainieren
wo|her
wo|hin
woh|nen
die **Woh|nung**, die Woh|nun|gen
der **Wolf**, die Wöl|fe
die **Wol|ke**, die Wol|ken,
die Schleierwolken
die **Wol|le**, die Wol|len,
die Schafswolle
wol|len, du willst, er woll|te,
er hat ge|wollt
wo|mit
das **Wort**, die Wör|ter,
auch die Wor|te
die **Wun|de**, die Wun|den,
die Schnittwunde
das **Wun|der**, die Wun|der
der **Wunsch**, die Wün|sche,
die Glückwünsche
wün|schen
der **Wurf**, die Wür|fe
der **Wür|fel**, die Wür|fel,
der Spielwürfel,
aber das Würfelspiel
der **Wurm**, die Wür|mer,
der Regenwurm
die **Wurst**, die Würs|te,
die Leberwurst
die **Wur|zel**, die Wur|zeln
die **Wüs|te**, die Wüs|ten
die **Wut**
wü|ten, wü|tend

X

die **X-Bei|ne**

Y

die **Yacht**, die Yach|ten,
auch die Jacht, die Jachten

das **Yak**, die Yaks

das **Yo|ga**, auch der Yo|ga,
auch Jo|ga

das **Yo-Yo**, die Yo-Yos,
auch das Jo-Jo, die Jo-Jos

das **Yp|si|lon**, die Yp|si|lons

Z

die **Zahl**, die Zah|len

zah|len

zäh|len

zahm

der **Zahn**, die Zäh|ne,
die Backenzähne

die **Zan|ge**, die Zan|gen

zan|ken

der **Zap|fen**, die Zap|fen,
die Tannenzapfen

zart

zärt|lich

der **Zau|ber**, die Zau|ber

zau|bern

der **Zaun**, die Zäu|ne,
der Gartenzaun

das **Zeb|ra**, die Zeb|ras

die **Ze|he**, auch der Zeh,
die Ze|hen

zehn

das **Zei|chen**, die Zei|chen,
das Ver|kehrs|zei|chen

zeich|nen

zei|gen

die **Zei|le**, die Zei|len

die **Zeit**, die Zei|ten

zei|tig

die **Zei|tung**, die Zei|tun|gen

das **Zelt**, die Zel|te

zel|ten

die **Zen|sur**, die Zen|su|ren

das **Zen|t|rum**, die Zen|t|ren,
das Stadtzentrum

zer|bre|chen, du zer|brichst,
er zer|brach,
er hat zer|bro|chen

zer|reißen, du zer|reißt, er zer|riss, er hat zer|ris|sen
der **Zet|tel**, die Zet|tel, der Einkaufszettel
das **Zeug**, das Spielzeug
das **Zeug|nis**, die Zeug|nis|se
die **Zie|ge**, die Zie|gen
der **Zie|gel**, die Zie|gel, der Dachziegel
zie|hen, du ziehst, er zog, er hat ge|zo|gen
das **Ziel**, die Zie|le
zie|len
ziem|lich
zier|lich
die **Zif|fer**, die Zif|fern
das **Zim|mer**, die Zim|mer, das Kinderzimmer
zim|per|lich
der **Zir|kel**, die Zir|kel
der **Zir|kus**, die Zir|kus|se
die **Zi|t|ro|ne**, die Zi|t|ro|nen
zit|tern
der **Zoo**, die Zoos
der **Zopf**, die Zöp|fe
der **Zorn**
zor|nig
zu, zu Hause
der **Zu|cker**, verschiedene Zuckersorten
zu|ei|n|an|der
zu|erst
der **Zu|fall**, die Zu|fäl|le
zu|frie|den
der **Zug**, die Zü|ge, der Schnellzug
der **Zü|gel**, die Zü|gel
das **Zu|hau|se**
die **Zu|kunft**, die Zu|künf|te
zu|letzt
zum
zu|meist
zu|min|dest
zu|nächst
die **Zun|ge**, die Zun|gen
zur
zu|rück
zu|sam|men
zu|sätz|lich
die **Zu|tat**, die Zu|ta|ten
zwan|zig
zwar

der **Zweck**, die Zwe|cke

zweck|los

zwei

der **Zwei|fel**, die Zwei|fel

zwei|feln

der **Zweig**, die Zwei|ge,

der Kirschzweig

der **Zwerg**, die Zwer|ge

die **Zwie|bel**, die Zwie|beln

der **Zwil|ling**, die Zwil|lin|ge

zwin|gen, du zwingst,

er zwang,

er hat ge|zwun|gen

zwi|schen

zwölf

der **Zy|lin|der**, die Zy|lin|der

5.1 Sprache

Nomen (Namenwörter)

Nomen bezeichnen die Namen für

- Gegenstände: Tasse, Hose, Haus, Tisch ...
- Personen: Oma, Jenny, Lehrerin ...
- Tieren: Eichhörnchen, Schwein, Meise ...
- Pflanzen: Rose, Linde, Erdbeere ...
- Gefühle und Gedanken: Liebe, Glück, Angst ...

Diese Wörter werden am Wortanfang immer mit großem Anfangsbuchstaben geschrieben. Bist du dir unsicher, ob ein Wort groß geschrieben wird, prüfe, ob man einen Begleiter (der, die, das oder ein, eine) vor das Wort setzen kann.

Auch Wörter mit den Nachsilben -ung, -nis, -heit, -keit, -schaft sind Nomen.

Von den meisten Nomen kann man die Einzahl und Mehrzahl bilden:

- das Auto – die Autos, die Maus – die Mäuse, der Mann – die Männer.

Manche Nomen bestehen aus zwei Wörtern. Man nennt sie zusammengesetzte Nomen.

Um ein Nomen (Grundwort) näher zu bestimmen, kann man ein anderes Wort (Bestimmungswort) hinzufügen.

Der Begleiter richtet sich dann nach dem Grundwort:

- der Sommer, das Fest: das Sommerfest.

Bestimmungswörter können sein:

- Nomen – der Hund: das Hundebuch
- Tuwörter – schlafen: das Schlafzimmer
- Wiewörter – blau: die Blaubeere.

Artikel (Begleiter)
Artikel stehen vor Nomen. Sie begleiten diese:
• das Haus, die Banane, der Arzt.

Adjektive (Wiewörter)
Adjektive beschreiben wie Menschen, Tiere, Pflanzen, Dinge oder Gefühle sind:
• ein langes Bett, ein alter Mann, ein kranker Vogel, ein hübsches Kleid.
Adjektive sagen:
• wie etwas aussieht (klein, groß, neu, rot, ...)
• wie sich etwas anfühlt (weich, rauh, glatt, ...)
• wie etwas schmeckt (süß, salzig, saftig, trocken, ...)
• wie etwas riecht (frisch, blumig, fruchtig, ...)
• wie sich etwas anhört (laut, leise, still, ...).
Mit Adjektiven kann man Eigenschaften vergleichen.
Sind zwei Eigenschaften gleich, verwenden wir als Vergleichswörter *so* groß *wie* oder *ebenso* groß *wie*. Sind zwei Eigenschaften nicht gleich, verwendet man das Vergleichswort *als*.

Es gibt drei Vergleichs- bzw. Steigerungsstufen:

gut	besser	am besten
viel	mehr	am meisten
süß	süßer	am süßesten
alt	älter	am ältesten
Grundstufe	*Mehrstufe* *1. Vergleichsstufe* Endung -er	*Meiststufe* *2. Vergleichsstufe* am Endung -(e)sten

Die meisten Adjektive verändern ihren Stamm in den verschiedenen Steigerungsstufen nicht.
Farbadjektive lassen sich nicht vergleichen.
Viele Adjektive sind von anderen Wörtern abgeleitet. An den Wortstamm werden dann die Nachsilben -ig oder -lich angehängt:
das Glück – glücklich, der Schmutz – schmutzig.

Verben (Tunwort)
Wörter, die sagen, was jemand tut oder was passiert, nennt man Verben.
Alle Verben haben eine Grundform.
So stehen sie auch im Wörterverzeichnis:
- fahren, lesen, gehen.

Man erkennt die Grundform an der Endung -en.
Verben verändern sich, wenn ein Fürwort davor steht:
- ich male, du malst, er malt ...

Die Verben stehen dann in der Personalform.

	Einzahl	Mehrzahl
1. Person	ich schreibe	wir schreiben
2. Person	du schreibst	ihr schreibt
3. Person	er, sie, es schreibt	sie schreiben

Verben können angeben, wann etwas geschieht (Zeitform). Man unterscheidet in der Grundschule:
- die Gegenwartsform (er spielt, er spricht ...),
- zwei Vergangenheitsformen
  (er spielte, er hat gespielt, er sang, er hat gesungen)
- und die Zukunftsform (er wird spielen, er wird singen).

Gegenwart (Präsens)	Vergangenheit (Präteritum)	Vollendete Gegenwart (Perfekt)	Zukunft (Futur I)
ich denke	ich dachte	ich habe gedacht	ich werde denken
ich gehe	ich ging	ich bin gegangen	ich werde gehen
ich höre	ich hörte	ich habe gehört	ich werde hören
ich komme	ich kam	ich bin gekommen	ich werde kommen
ich laufe	ich lief	ich bin gelaufen	ich werde laufen
ich lese	ich las	ich habe gelesen	ich werde lesen
ich sage	ich sagte	ich habe gesagt	ich werde sagen

Oft sind die Verben mit einem Wortbaustein zusammengesetzt:

- mitschreiben, hinschreiben, aufschreiben, verschreiben, unterschreiben, abschreiben, vorschreiben, beschreiben, anschreiben, einschreiben.

Wortbausteine verändern die Bedeutung eines Wortes.

Pronomen (Fürwörter)

Nomen können durch Fürwörter ersetzt werden. Für Dinge oder Personen stehen oft er, sie, es (Einzahl) oder wir, ihr, sie (Mehrzahl).
Diese Wörter heißen Personalpronomen (persönliche Fürwörter).

- *Das Kind* schläft. *Die Mutter* lacht.

  Es schläft. *Sie* lacht.

- *Der Vater* liest. *Die Eltern* wandern.

  Er liest. *Sie* wandern.

Satzarten und Satzzeichen

Das erste Wort in jedem Satz wird mit einem großen Anfangsbuchstaben begonnen. Am Ende eines Satzes steht ein Satzschlusszeichen.

Aussagesatz

Am Ende eines Aussagesatzes steht ein Punkt: Heute regnet es.

Fragesatz

Sätze, mit denen man fragt, sind Fragesätze. Am Ende eines Fragesatzes steht ein Fragezeichen.
Fragesätze können mit einem Fragewort begonnen werden:
- *Wie* heißt du? *Wo* ist mein Teddy? *Wer* fehlt? ...

Es gibt auch Fragesätze ohne Fragewörter. Sie beginnen mit einem Verb:
- Kommst du heute zu mir? Gibst du mir bitte das Brötchen? ...

Auf diese Fragen antworten wir mit ja oder nein.

Ausrufesatz und Aufforderungssatz

Ausrufesätze sind: Hallo!, Schön!, Oh!, ...
Aufforderungssätze beginnen mit einem Verb in der Befehlsform:
- Gib her! Geh weg!

Am Ende eines Ausrufe- und Aufforderungssatzes steht ein Ausrufezeichen.

Wörtliche Rede

Die wörtliche Rede ist das, was jemand spricht. Sie wird in Redezeichen gesetzt. Oft steht vor der wörtlichen Rede ein Begleitsatz, in dem man erfährt, wer etwas sagt. Nach dem Begleitsatz steht ein Doppelpunkt.
Der Begleitsatz kann an verschiedenen Stellen stehen:
- vor der wörtlichen Rede

Begleitsatz „Wörtliche Rede“
↓ ↓
Das Mäuschen fragt: „Wo ist der Käse?“

- nach der wörtlichen Rede

„Wörtliche Rede“ → „Das weiß ich nicht“,
Begleitsatz → flüsterte die Mäusemama.

„Das weiß ich nicht“, flüsterte die Mäusemama.

- zwischen der wörtlichen Rede

„Wörtliche Rede“ → „Ich schau mal“,
Begleitsatz → piepste das Mäuschen,
„Wörtliche Rede“ → „in der Küche nach.“

„Ich schau mal“, piepste das Mäuschen, „in der Küche nach.“

Kasus (Fälle)

In einem Satz können Nomen in verschiedenen Formen auftreten. Diese Formen heißen Fälle. Es gibt vier verschiedene Fälle.

Fälle	Fragewörter	Beispiele
1. Fall	Wer oder was? Wer oder was bellt?	Der Hund bellt.
2. Fall	Wessen? Wessen Platz ist dort?	Der Platz des Hundes ist dort.
3. Fall	Wem? Wem gehört der Knochen?	Der Knochen gehört dem Hund.
4. Fall	Wen oder was? Wen oder was suchst du?	Ich suche den Hund.

Den Fall der Nomen kann man erfragen:
Es gibt auch kleine Wörter, die dir helfen, den richtigen Fall zu erkennen. Man nennt sie Präpositionen.
Folgende kleine Wörter verlangen immer den 3. Fall:

- aus, bei, mit, nach, von, zu.

Folgende kleine Wörter verlangen immer den 4. Fall:

- durch, für, gegen, ohne, um.

Satzglieder

Sätze werden aus Wörtern oder Wortgruppen zusammengesetzt.
Diese Wörter oder Wortgruppen lassen sich im Satz umstellen.
Man nennt sie Satzglieder.

Es gibt drei Satzglieder:
Das Subjekt (Satzgegenstand) sagt, wer etwas tut. Nach dem Satzgegenstand fragt man mit „Wer oder Was?":

- Der Maler streicht das Schulhaus.

Wer streicht das Schulhaus? „Der Maler" ist hier das Subjekt.
Meistens steht das Subjekt (Satzgegenstand) am Satzanfang.

Das Prädikat (Satzkern) sagt, was das Subjekt tut.

- Der Maler streicht das Schulhaus.

Was tut der Maler? Er streicht. „Streicht" ist das Prädikat.
Es ist immer ein Verb oder ein Hilfsverb. Manchmal kann das Prädikat auch aus zwei Teilen bestehen. Bei Aussagesätzen steht das Prädikat immer an zweiter Stelle.

Das Objekt (Satzergänzung) erweitert Subjekt und Prädikat.
Nach dem Objekt kann man z. B. mit *wo/wann/wem/wen* oder *was* fragen:

- Der Maler streicht das Schulhaus.

Was streicht der Maler? „Das Schulhaus" ist dann die Ergänzung.
Häufig haben Sätze mehrere Ergänzungen.
Die verschiedenen Satzglieder lassen sich umstellen (→ S.132).

5.2 Rechtschreiben

Buchstaben und Laute

Buchstaben kann man sehen und schreiben.

Laute kann man sprechen und hören.
Man unterscheidet die Laute nach Vokalen (Selbstlaute) und Konsonanten (Mitlaute).
Vokale (Selbstlaute) sind a, e, i, o, u. Ohne diese Laute klingen unsere Wörter nicht richtig. Sie heißen deshalb Selbstlaute, weil diese Laute schon von selbst klingen.
In jeder Silbe gibt es mindestens einen Vokal (Selbstlaut).

Umlaute
Alle Selbstlaute a, o, u können zu ä, ö, ü werden. Diese Laute nennt man Umlaute. Aus au kann äu werden.

Zwielaute
Eu, au, ei, ie, heißen Zwielaute, weil sie aus zwei Vokalen (Selbstlauten) bestehen.

Alle anderen Laute heißen Konsonanten (Mitlaute).

Folgende Grundregel kann man auf viele Wörter anwenden:
Der Wortstamm aller Wörter einer Wortfamilie wird meist gleich geschrieben.

Wortstamm und Wortfamilien

Ist man unsicher, ob am Wortende d oder t, b oder p, g oder k und s oder z geschrieben wird, sucht man verwandte Wörter:

• Mehrzahlbildung bei Nomen:	das Kind	–	die Kinder,
• Grundformbildung bei Verben:	er lag	–	liegen,
• Adjektive vor Nomen setzen:	gelb	–	ein gelber Apfel,
• Ableitung vom Verb zum Nomen:	tanzen	–	der Tanz,
	lesen	–	der Leser.

Ist man unsicher, ob ein Wort mit e oder a und mit eu oder äu geschrieben wird, bildet man die Grundform bei Adjektiven/Verben und die Einzahl bei Nomen.

Der Wortstamm bleibt gleich:

- die Bäume – der Baum,
- er lässt – lassen,
- bläulich – blau.

Wörter einer Wortfamilie:

- Traum – träumen – Alptraum, ...

Wörter mit kurz gesprochenem Vokal (Selbstlaut)

Nach kurz gesprochenem Selbstlaut folgen zwei Mitlaute (sie können auch gleich sein):

- rollen, backen, tanzen, Tasse, ...

Wörter mit lang gesprochenem Vokal (Selbstlaut)

Folgt in einem Wort nach dem Vokal nur ein einziger Konsonant (Mitlaut), wird der Vokal meist lang gesprochen:

- Ofen, Wal, Tür, Igel ...

ß nach lang gesprochenem Vokal (Selbstlaut)
ß schreibt man dann, wenn der s-Laut auf einem lang gesprochenen Selbstlaut/Umlaut oder Zwielaut folgt:
- groß, Spaß, süß, fließen, heiß, draußen ...

Es gibt aber auch Ausnahmen, wo die Regel nicht zutrifft:
- Rose, Hase, Reis, aus, ...

Die Schreibung solcher Wörter muss man sich einprägen.

h nach lang gesprochenem Vokal (Selbstlaut)
Nach lang gesprochenem Selbstlaut steht oft ein Dehnungs-h.
Man kann das h meist nicht hören.
Folgt nach einem lang gesprochenem Selbstlaut ein l, m, n, r, so schreibt man die Wörter meist mit h:
- hohl, nehmen, Lohn, ihm, ...

Wörter mit i
Meist wird die Länge des i-Lautes nicht gekennzeichnet:
- der Tiger, das Kino, ...

Wörter mit ie
Ein lang gesprochener i-Laut wird häufig ie geschrieben:
- die Fliege, der Brief, der Riese, das Ziel, ...

Wörter mit doppeltem Vokal (Selbstlaut)
Klingt ein Selbstlaut lang, muss man einige Wörter mit doppeltem Selbstlaut schreiben:
- das Paar, die Beere, das Boot, ...

Trennungsregeln

Einfache Wörter mit mehreren Silben trennt man, wie es beim gedehnten Sprechen oder Silbenklatschen zu hören ist.

Ein Konsonant (Mitlaut) kommt auf die nächste Zeile:
- bo-xen, die Scho-ko-la-de, die Mäu-se, ...

Bei zwei oder mehreren Konsonanten (Mitlauten) in einer Silbe kommt nur der letzte auf die nächste Zeile:
- die Kis-te, die Kat-ze, sprin-gen, trop-fen, trin-ken, die Wes-pe, die Städ-te, stel-len, zäh-len, ...

Wörter mit ch, ck und sch gelten als ein Laut und werden daher nicht getrennt. Sie kommen auf die nächste Zeile:
- die Bü-cher, ba-cken, die Fla-sche, ...

Zusammengesetzte Wörter und Wörter mit Vorsilben oder Nachsilben werden nach ihren Bestandteilen getrennt:
- das Kopf-kissen, ver-ab-reden, herz-lich, ...

Bei einigen Zusammensetzungen gibt es zwei Möglichkeiten zu trennen:
- an-ein-an-der oder an-ei-nan-der,
- in-ter-es-sant oder in-te-res-sant.

5.3 Schreiben

Beim Schreiben von Geschichten und Beschreibungen solltest du Folgendes beachten:

Adjektive (Wiewörter)

Mit Adjektiven kann man Menschen, Tiere, Pflanzen und Dinge treffender beschreiben. Mit der entsprechenden Auswahl von Adjektiven gelingt es, Geschichen spannender, trauriger oder lustiger zu erzählen.

Wortfelder

Wörter mit ähnlicher Bedeutung gehören zu einem Wortfeld. Sie helfen treffende Ausdrücke zu finden und Wortwiederholungen zu vermeiden.

- sehen: gucken, schauen, anblicken, betrachten, entdecken, ...
- gehen: laufen, latschen, flitzen, sausen, eilen, rennen, ...
- sprechen: sagen, erzählen, reden, mitteilen, plaudern, rufen, ...
- lachen: kichern, lächeln, grinsen, strahlen, schmunzeln, feixen, ...

Personalpronomen (Fürwörter)

Wiederholungen kannst du vermeiden, wenn du für Nomen (Namenwörter) Personalpronomen (→ S. 125) oder andere Nomen einsetzt:

- Namenwörter: Tina hat Geburtstag.
- Nomen: Meine Freundin hat Geburtstag.
- Personalpronomen: Sie hat Geburtstag.

Satzglieder

Auch durch Umstellen von Satzgliedern (→ S. 128) kann man einen Text verbessern und dadurch Wiederholungen am Satzanfang vermeiden. Die Betonung liegt dabei immer auf dem ersten Satzglied.

Der Hase verschwindet plötzlich unter einer Zeitung.
Plötzlich verschwindet der Hase unter einer Zeitung.
Unter einer Zeitung verschwindet der Hase plötzlich.

Satzanfänge

Gleiche Satzanfänge in Geschichten können auch vermieden werden, indem man mit verschiedenen Wörtern beginnt:

So können Sätze am Anfang eines Textes beginnen:

zuerst, zu Beginn, anfangs, am Anfang, einmal, neulich, vor einiger Zeit, früher, gestern, ...

Diese Wörter können im Verlauf eines Textes stehen:

nun, jetzt, danach, da, als, später, plötzlich, auf einmal, endlich, gerade, inzwischen, manchmal, ab und zu, immer, oft, selten, bald, ...

So können Sätze am Schluss eines Textes beginnen:

zuletzt, am Ende, am Schluss, abschließend, schließlich, ...

6 Englischer Wortschatz der Grundschule

A	
Abend	**evening**
Abfall	**rubbish**
acht	**eight**
achte(r, s)	**eighth**
achtzehn	**eighteen**
achtzig	**eighty**
Affe	**monkey**
amerikanisch	**American**
Ampel	**traffic lights**
Angestellte(r)	**clerk**
Angst haben vor	**be scared of**
anhören	**listen to**
Anorak	**anorak**
anrufen	**call**
anziehen	**dress**
anzünden	**light**
Apfel	**apple**
April	**April**
arbeiten	**work**
Arbeitsstelle	**job**
Arm	**arm**
Armbanduhr	**watch**
Arzt/Ärztin	**doctor**
auf	**on**
auf Wiedersehen	**goodbye**
aufstehen	**get up**
Auge	**eye**
August	**August**
ausgezeichnet	**fine**

ausschalten	**switch off**
Auto	**car**
Autobahn	**motorway**
Autorennen	**car race**
B	
Baby	**baby**
Bäcker(in)	**baker**
Badewanne	**bathtub**
Badezimmer	**bathroom**
Bahnhof	**railway station**
Ball	**ball**
Ballon	**balloon**
Banane	**banana**
Bär	**bear**
Bassin	**pool**
bauen	**build**
Bauer/Bäuerin	**farmer**
Bauernhof	**farm**
Baum	**tree**
beige	**beige**
Bein	**leg**
beobachten	**watch**
Berg	**mountain**
berühren, anfassen	**touch**
Besen	**broom**
Bett	**bed**
beugen	**bend**
bezahlen	**pay**
Biene	**bee**
Bild	**picture**

Bildschirm	**screen**
billig	**cheap**
Birne	**pear**
Blatt (vom Baum)	**leaf**
blau	**blue**
Bleistift	**pencil**
Bleistiftspitzer	**pencil sharpener**
blond	**blond, blonde**
blühen	**bloom**
Blume	**flower**
Bluse	**blouse**
Bohne	**bean**
Boot	**boat**
brauchen	**need**
braun	**brown**
Bremse	**brake**
Brief	**letter**
Briefkasten	**letter-box**
Briefmarke	**stamp**
Briefumschlag	**envelope**
Brot	**bread**
Brötchen	**roll**
Bruder	**brother**
Buch	**book**
Buntstift	**coloured pencil**
Büro	**office**
bürsten	**brush**
Bus	**bus**
Butter	**butter**

C	
Cent	**cent**
Cola	**Coke**
Computer	**computer**
Computerspiel	**computer game**
Cornflakes	**cornflakes**
Cousin(e)	**cousin**

D	
Dach	**roof**
dehnen	**stretch**
deutsch	**German**
Deutschland	**Germany**
Dezember	**December**
Dienstag	**Tuesday**
Dollar	**Dollar**
Donner	**thunder**
Donnerstag	**Thursday**
Drache	**dragon**
Drachen	**kite**
drehen	**turn**
drei	**three**
dreißig	**thirty**
dreizehn	**thirteen**
dritte(r, s)	**third**
dunkelblau	**dark blue**
dunkelgrün	**dark green**
dünn	**thin**
durstig	**thirsty**

E	
Ei	**egg**

ein	**a, an**
einhundert	**one hundred**
einkaufen	**shop**
eins	**one**
Eis	**ice**
eisig	**icy**
Eistee	**ice tea**
elf	**eleven**
E-Mail	**e-mail**
englisch	**English**
Ente	**duck**
Erbse	**pea**
erste(r, s)	**first**
Esel	**donkey**
essen	**eat, have**
Essen	**food**
Eule	**owl**
Euro	**euro**
Europa	**Europe**

F

Fach	**subject**
Fahne	**flag**
fahren	**ride**
fahren mit ...	**go by ...**
fahren nach	**go to**
Fahrer	**driver**
Fahrrad	**bicycle, bike**
Fahrrad fahren	**cycle, ride a bike**
Fahrradtour	**bicycle tour**
Familie	**family**

Februar	**February**
Federmappe	**pencil case**
Feld	**field**
Fenster	**window**
Ferien	**holidays**
fern	**far**
fernsehen	**watch TV**
Fernseher	**television, TV-set, telly**
fett	**fat**
Filzstift	**felt-tip**
Finger	**finger**
Fisch	**fish**
Flasche	**bottle**
Fledermaus	**bat**
Fleischer(in)	**butcher**
Fliege	**fly**
fliegen	**fly**
Flügel	**wing**
Flugzeug	**plane**
Fluss	**river**
Frankreich	**France**
französisch	**French**
Freitag	**Friday**
Freund	**friend**
Frosch	**frog**
frostig	**frosty**
früh	**early**
Frühling	**spring**
Frühstück	**breakfast**
frühstücken	**have breakfast**

Füller	**fountain pen**
fünf	**five**
fünfte(r, s)	**fifth**
fünfzehn	**fifteen**
fünfzig	**fifty**
Fuß	**foot**
Fußball	**football**
Fußboden	**floor**
Füße	**feet**
Fußgänger	**pedestrian**
Fußweg	**footpath**
füttern	**feed**
G	
Gabel	**fork**
Gans	**goose**
Gänse	**geese**
Gänseblümchen	**daisy**
Garage	**garage**
Gardine, Vorhang	**curtain**
Garten	**garden**
Geburtstag	**birthday**
gefährlich	**dangerous**
gehen	**walk**
gehen zu	**go to ...**
Geist, Gespenst	**ghost**
gelb	**yellow**
Gemüsehändler(in)	**greengrocer**
Gepäckträger	**carrier**
geradeaus	**straight on**
Geschenk	**present**

Geschichtenbuch	**story book**
Geschirrschrank	**cupboard**
geschlossen	**closed**
Gesicht	**face**
gestern	**yesterday**
Getreide	**corn**
Giraffe	**giraffe**
Gitarre	**guitar**
Glas	**glass**
Glocke, Klingel	**bell**
glücklich	**happy**
Grad	**degree**
Gras	**grass**
grau	**grey**
groß	**big**
groß	**tall**
Großbritannien	**Great Britain**
grün	**green**
gruselig	**spooky**
Gummibärchen	**jelly baby, jelly bear**
Gürtel	**belt**
gut	**good**
guten Morgen	**good morning**
guten Tag	**good afternoon, good morning**
Gymnastik	**gymnastics, gym**

H

Haar	**hair**
Haferbrei	**porridge**
Hahn	**cock**
halb	**half**

hallo	**hello**
Halloween	**Halloween**
Hals	**neck**
Hamburger	**hamburger**
Hamster	**hamster**
Hand	**hand**
Handschuhe	**gloves**
Handtuch	**towel**
hängen	**hang**
hassen	**hate**
hässlich	**ugly**
Haus	**house**
Hausaufgaben	**homework**
Hefter	**folder**
heiraten	**marry**
heiß	**hot**
heiße Schokolade	**hot chocolate**
hellblau	**light blue**
hellgrün	**light green**
Helm	**helmet**
Henne	**hen**
Herbst	**autumn**
Herz	**heart**
heute	**today**
Hexe	**witch**
Himmel	**sky**
hinter	**behind**
Hobby	**hobby**
Homepage	**homepage**
Honig	**honey**

Hosen	**trousers**
hübsch	**pretty**
Hubschrauber	**helicopter**
Hühnchen	**chicken**
Hund	**dog**
hungrig	**hungry**
Hupe	**horn**
hüpfen	**hop**
Hut	**hat**

I

in	**in**
Ingenieur	**engineer**
Insekt	**insect**
Internet	**internet**
Italien	**Italy**
italienisch	**Italian**

J

Jahreszeit	**season**
Januar	**January**
Jeans	**jeans**
Jogurt	**yoghurt**
Juli	**July**
Juni	**June**

K

Kaffee	**coffee**
kalt	**cold**
Kamel	**camel**
Kamm	**comb**
kämmen	**comb**
Kanarienvogel	**canary**

Känguru	**kangaroo**
Kaninchen	**rabbit**
Karte	**card**
Kartoffel	**potato**
Kartoffelchips	**crisps**
Käse	**cheese**
Kassettenrecorder	**cassette recorder**
Katze	**cat**
kaufen	**buy**
Kaugummi	**chewing gum**
Keks	**biscuit**
Kellner	**waiter**
Kellnerin	**waitress**
Kerze	**candle**
Ketchup	**ketchup**
Keyboard, Tastatur	**keyboard**
Kinderzimmer	**children's room**
Kirsche	**cherry**
Klassenraum	**classroom**
klatschen	**clap**
Klavier	**piano**
Klebstift	**glue stick**
Kleid	**dress**
(sich) kleiden	**put on**
Kleiderschrank	**wardrobe**
Kleidungsstücke	**clothes**
klein	**small**
klingeln	**ring**
Knie	**knee**
knien	**kneel**

Kopf	**head**
Kopfsalat	**lettuce**
Körper	**body**
kosten	**cost**
Krähe	**crow**
krank	**ill**
Krankenhaus	**hospital**
Krankenschwester	**nurse**
Kreuzung	**crossing**
Krokodil	**crocodile**
Krone	**crown**
Küche	**kitchen**
Kuchen	**cake**
Kuh	**cow**
Kunsterziehung	**art**
Kürbis	**pumpkin**
kurz	**short**
kurze Hosen	**shorts**
Küste	**seaside**
L	
Laden	**shop**
Lampe	**lamp**
Landschaft	**landscape**
lang	**long**
langsam	**slow**
laut	**loud**
legen auf	**put on, lay on**
Lehrer(in)	**teacher**
Lehrertisch	**teacher's desk**
Lenker	**handlebars**

Leopard	**leopard**
lesen	**read**
lieben	**love**
Lieblings-	**favourite**
Lied	**song**
Liegestütz	**press-up**
Liegestütze machen	**do press-ups**
lila	**purple**
Lineal	**ruler**
links	**left**
Lippen	**lips**
Löffel	**spoon**
Löwe	**lion**
Luftpumpe	**pump**
Lutscher	**lolly**
M	
mähen	**mow**
Mai	**May**
Marienkäfer	**ladybird**
Mama	**mum**
Mami	**mummy**
Manager	**manager**
Mantel	**coat**
Marmelade	**jam**
März	**March**
Maske	**mask**
Mathematik	**maths**
Maus	**mouse**
Mäuse	**mice**
Mechaniker(in)	**mechanic**

Meerschweinchen	**guinea pig**
Memory	**memory lotto**
Messer	**knife**
Milch	**milk**
Mineralwasser	**mineral water**
Minute	**minute**
Mittwoch	**Wednesday**
mögen	**like**
Möhre	**carrot**
Monat	**month**
Mond	**moon**
Monster	**monster**
Montag	**Monday**
Morgen	**morning**
morgen	**tomorrow**
Möwe	**seagull**
müde	**tired**
Mund	**mouth**
Musik	**music**
Müsli	**muesli**
Mutter	**mother**
Mütze	**cap**

N

nach	**after**
nach (Uhrzeit)	**past**
Nachmittag	**afternoon**
Nacht	**night**
nah	**near**
Narzisse, Osterglocke	**daffodil**
Nase	**nose**

nass	**wet**
Naturwissenschaft	**science**
Nebel	**fog**
neblig	**foggy**
Neffe	**nephew**
neun	**nine**
neunte(r, s)	**ninth**
neunzehn	**nineteen**
neunzig	**ninety**
nicht	**not**
Nichte	**niece**
November	**November**
Null	**zero**
O	
ob	**if, whether**
oben (im Haus)	**upstairs**
offen	**open**
Ohr	**ear**
Oktober	**October**
Oma	**grandma**
Onkel	**uncle**
Opa	**grandpa**
Orange	**orange**
Orangensaft	**orange juice**
Osterei	**Easter egg**
Osterhase	**Easter bunny**
Ostern	**Easter**
P	
Päckchen, Schachtel	**packet**
Papa	**dad, daddy**

Papagei	**parrot**
Party	**party**
Pedal	**pedal**
Pferd	**horse**
Pfirsich	**peach**
pflanzen	**plant**
Pflaume	**plum**
pflücken	**pick**
Pfund (Gewicht)	**pound**
Pfund (Währung)	**pound (sterling), £**
Picknick	**picnic**
Pizza	**pizza**
Planet	**planet**
Polizeistation	**police station**
Polizist(in)	**policeman, policewoman**
Pommes frites	**chips**
Popcorn	**popcorn**
Popstar	**popstar**
Postbote(in)	**postman, postwoman**
Pullover	**pullover**
Punkt	**dot**
Puppe	**doll**
Puzzle	**jigsaw puzzle**
Q	
R	
Rad	**wheel**
Radiergummi	**rubber**
Ranzen	**school bag**
Ratte	**rat**
Raupe	**caterpillar**

rausgehen	**go out**
Rechnung	**bill**
rechts	**right**
Regen	**rain**
Regenbogen	**rainbow**
Regenmantel	**raincoat**
Regenschirm	**umbrella**
Regentropfen	**raindrop**
regnen	**rain**
regnerisch	**rainy**
(etwas) reichen	**pass**
Reise	**journey**
reisen	**travel**
reiten, fahren	**ride**
Rennauto	**racing car**
rennen	**run**
Rock	**skirt**
Rollschuhe	**in-line skates**
rosa	**pink**
Rose	**rose**
rot	**red**
Rücken	**back**
Rückstrahler	**reflector**
Rugby	**rugby**
Rührei	**scrambled eggs**
Rüssel	**trunk**

S

Sandwich	**sandwich**
Sattel	**saddle**
sauber	**clean**

sauer	**sour**
Schaf	**sheep**
Schal	**scarf**
scheinen (Sonne)	**shine**
Schere	**scissors**
Schiff	**ship**
Schildkröte	**tortoise**
Schinken	**ham**
Schinkenspeck	**bacon**
schlafen	**sleep**
Schlafzimmer	**bedroom**
Schlange	**snake**
schlecht	**bad**
schließen	**close**
Schlitten fahren	**sledge**
Schlittschuhe	**ice-skates**
schmecken	**taste**
Schmetterling	**butterfly**
schmutzig	**dirty**
Schnecke	**snail**
Schnee	**snow**
Schneeball	**snowball**
Schneeglöckchen	**snowdrop**
Schneemann	**snowman**
schneien	**snow**
schnell	**fast**
Schokolade	**chocolate**
schön	**beautiful**
Schornstein	**chimney**
schreiben	**write**

Schreibtisch	**desk**
Schriftsteller(in)	**writer**
Schuhe	**shoes**
Schule	**school**
Schulhof	**schoolyard**
Schulkinder	**schoolchildren**
Schultasche	**school bag**
Schulter	**shoulder**
schütteln	**shake**
Schwanz	**tail**
schwarz	**black**
Schweden	**Sweden**
Schwein	**pig**
Schwester	**sister**
schwimmen	**swim**
schwingen	**swing**
sechs	**six**
sechste(r, s)	**sixth**
sechzehn	**sixteen**
sechzig	**sixty**
See	**lake**
Seehund	**seal**
sehen	**see**
sehr	**very**
Seife	**soap**
Sekretär(in)	**secretary**
Sekunde	**second**
senden	**send**
September	**September**
Sessel	**armchair**

sieben	**seven**
siebente(r, s)	**seventh**
siebzehn	**seventeen**
siebzig	**seventy**
singen	**sing**
sitzen	**sit**
Skateboard	**skateboard**
Ski fahren	**ski**
Smiley	**smiley**
Socken	**socks**
Sofa	**sofa**
Sommer	**summer**
Samstag	**Saturday**
Sonne	**sun**
Sonnenbrille	**sunglasses**
Sonnenschein	**sunshine**
sonnig	**sunny**
Sonntag	**Sunday**
Spagetti	**spaghetti**
Spanien	**Spain**
spaßig	**funny**
spät	**late**
Speiseeis	**ice cream**
Speisekarte	**menu**
spielen	**play**
Spielplatz	**playground**
Spielzeugauto	**toy car**
Spielzeugboot	**toy boat**
Spinne	**spider**
Spinnennetz	**spider web**

springen	**jump**
Springseil	**skipping rope**
stehen	**stand**
Stern	**star**
Stiefel	**boots**
Stoppzeichen	**stop sign**
Strand	**beach**
Straße	**street**
Streifen	**stripe**
Strümpfe	**stockings**
Stuhl	**chair**
Stunde	**hour**
Stundenplan	**timetable**
Supermarkt	**supermarket**
Suppe	**soup**
süß	**sweet**
Süßigkeiten	**sweets**
Sweatshirt	**sweatshirt**
T	
Tafel	**board**
Tag	**day**
Tante	**aunt**
tanzen	**dance**
Tasse	**cup**
Teddybär	**teddy bear**
Tee	**tea**
Teller	**plate**
Tennis	**tennis**
Teppich	**carpet**
teuer	**expensive**

Tier	**animal**
Tierarzt	**vet**
Tiger	**tiger**
Tisch	**table**
Tischtennis	**table tennis**
Toast	**toast**
Tomate	**tomato**
Topf	**pot**
Traktor	**tractor**
traurig	**sad**
Treppe	**stairs**
trocken	**dry**
Trommel	**drum**
T-Shirt	**T-shirt**
Tulpe	**tulip**
Tür	**door**
türkisch	**Turkish**
Türkei	**Turkey**
Turnschuhe	**trainers**
U	
U-Bahn	**underground**
überqueren	**cross**
Übungsheft	**exercise book**
Uhr	**clock**
(sich) umziehen	**change clothes**
unten (im Haus)	**downstairs**
unter	**under, below**
V	
Valentinskarte	**Valentine card**
Valentinstag	**Valentine's Day**

Vanille	**vanilla**
Vater	**father**
Veilchen	**violet**
verbringen	**spend**
verkaufen	**sell**
Verkäufer(in)	**shop assistant**
verschneit	**snowy**
vier	**four**
vierte(r, s)	**fourth**
viertel	**quarter**
vierzehn	**fourteen**
vierzig	**forty**
Vogel	**bird**
vor	**in front of, before**
vor (Uhrzeit)	**to**
W	
Wald	**forest**
Wand	**wall**
warm	**warm**
waschen	**wash**
Weihnachten	**Christmas**
Weihnachtsmann	**Father Christmas, Santa Claus**
weiß	**white**
Wetter	**weather**
Wiese	**meadow**
wild	**wild**
Wind	**wind**
windig	**windy**
Winter	**winter**
Woche	**week**

Wochenende	**weekend**
wohnen, leben	**live**
Wohnung	**flat**
Wohnzimmer	**living room**
Wolke	**cloud**
wolkig	**cloudy**
Wurm	**worm**
Würstchen	**sausages**
X	
Y	
Z	
Zahn	**tooth**
Zahnbürste	**toothbrush**
Zähne	**teeth**
Zaun	**fence**
Zebra	**zebra**
Zebrastreifen	**zebra crossing**
Zeh	**toe**
zehn	**ten**
zehnte(r, s)	**tenth**
Zeitungshändler(in)	**newsagent**
Zimmer	**room**
Zitrone	**lemon**
Zuckerstange	**candy stick**
Zug	**train**
zwanzig	**twenty**
zwei	**two**
zweite(r, s)	**second**
zwölf	**twelve**

1. I can speak English

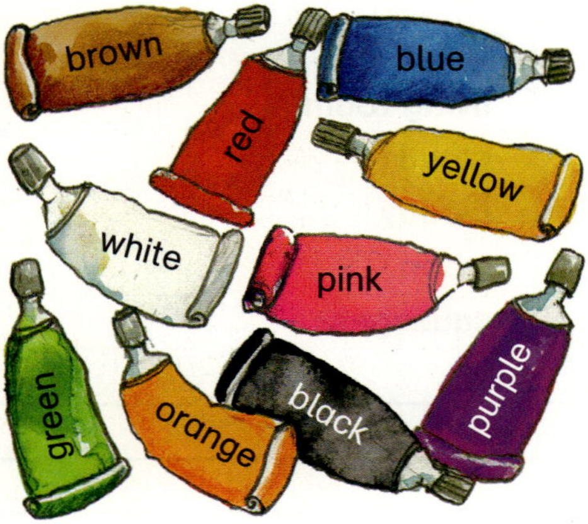

quarter past ... 

half past ... 

quarter to ... 

ten to ... 

ten past ... 

The colour is ... .

How many ... can you see?

What's the time?

It's ... o'clock.

Good morning!

Hello ... !

Bye-bye ... !

What's your name?

My name is ... .

How old are you?

I'm ... .

2. My toys, hobbies and sports

I've got a big/small ... .

dancing

playing table tennis

skipping

riding a bike

singing a song

in-line skating

I like ...-ing.

I hate ...-ing.

3. At School

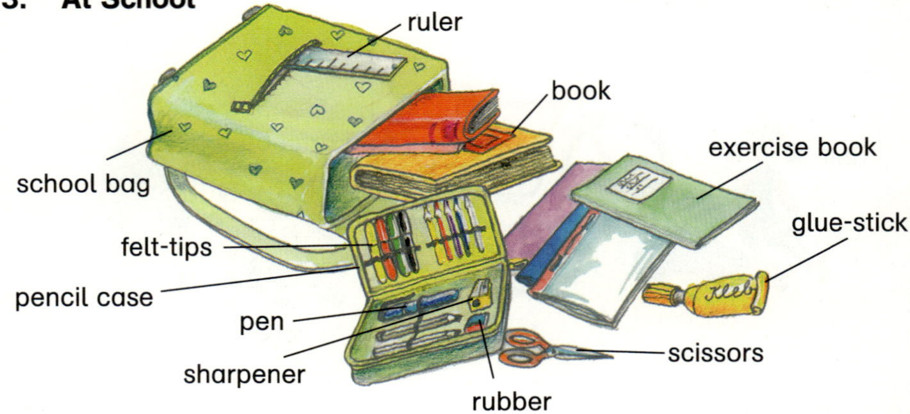

The books are *in* the cupboard.

The school bag is *under* the table.

The child is *in front of* the board.

The window is *behind* the boy.

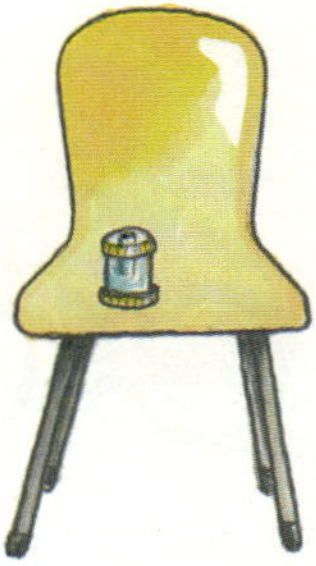

The sharpener is *on* the chair.

7 Bildtafeln mit englischem Wortschatz

Maths: working out

Music: singing

Sport: doing gymnastics

German: reading

English: writing

Art: drawing

4. My body and my clothes

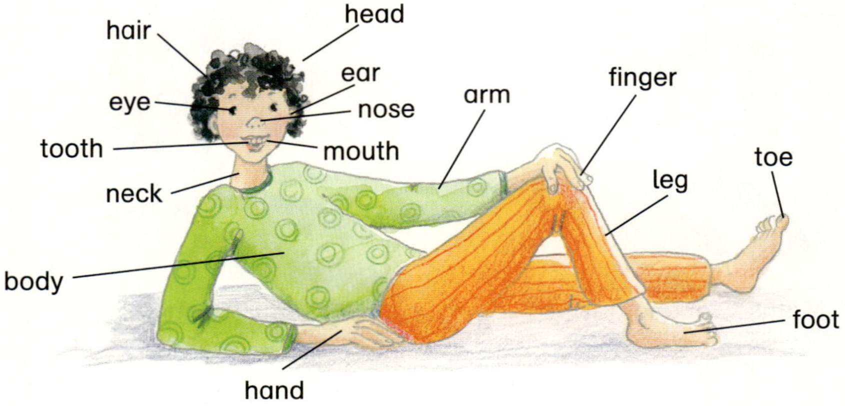

to have a shower

brush

to have a bath

wash

touch your head

stamp your left/ right foot

clap your hands

7 Bildtafeln mit englischem Wortschatz

blue eyes
and blond hair

green eyes
and brown hair

brown eyes
and black hair

grey eyes
and red hair

jeans

pullover

trousers

T-shirt

skirt

dress

5. Me, my family and my friends

mother | father | sister | brother | friends (boy/girl)

grandpa | grandma

uncle | aunt | cousin

birthday card

game

birthday cake

teddy bear

book

flowers

7 Bildtafeln mit englischem Wortschatz

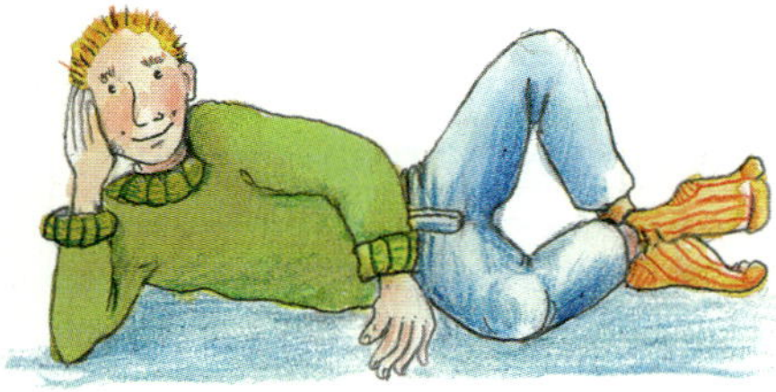

My uncle is 32 years old and a shop assistant.

doctor

butcher

secretary

teacher

policeman
policewoman

postman
postwoman

newsagent

baker

6. Around the year

Today is ... .

At the weekend I'm going to ... .

spring

summer

autumn

winter

7 Bildtafeln mit englischem Wortschatz

January

February

March

April

May

June

July

August

September

October

November

December

What date is it?	It's the third of March.
What day is it?	Today is ... .
When is your birthday?	My birthday is ... .

7 Bildtafeln mit englischem Wortschatz

sunny:
going for a walk

cloudy:
riding a bike

snowy:
sledging

rainy:
reading a book

cold:
ice-skating

foggy:
playing at home

warm:
swimming

windy:
flying a kite

umbrella

scarf

cap

swimsuit

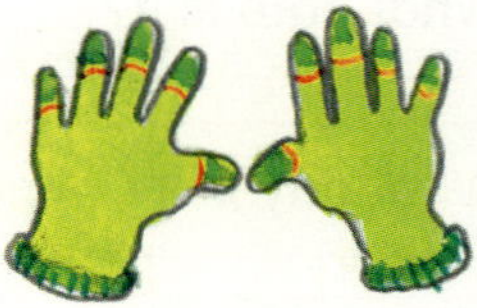

gloves

7. It's party time

Valentine

letter-box, heart,
Valentine card, love

Easter

Easter bunny, lamb,
daffodil, Easter eggs

Halloween

witch, pumpkin,
spider, ghost

Christmas

Father Christmas, presents,
fireplace, Christmas tree

8. Where I live

9. Animals

cat

canary

mouse

guinea pig

goldfish

hamster

rabbit

rat

dog

horse

cow

goose

duck

pig

cock

sheep

donkey

monkey

camel

bear

lion

tiger

leopard

My ... is black and small.

10. Food and drink

to sell ...	to buy ...

breakfast

lunch

dinner

I'm thirsty ...	I'm hungry ...
to eat	to drink
to taste	bitter / sweet / salty / sour

KUNTERBUNT

Wörterbuch für die Grundschule
mit Wortschatz Englisch

Erarbeitet von
Hella Michalsky
mit Unterstützung
von Ilka Brandner

Illustrationen von
Anja Ahlers
Katrin Freudenberger
Sven Leberer

1. Auflage A 1 5 4 3 2 1 | 2007 2006 2005 2004 2003

Alle Drucke dieser Auflage können im Unterricht nebeneinander benutzt werden, sie sind untereinander unverändert.
Die letzte Zahl bezeichnet das Jahr dieses Druckes.

Internetadresse: http://www.klett-verlag.de

Umschlag: Ulf Jenninger unter Verwendung
einer Illustration von Sven Leberer
Druck: Ludwig Auer GmbH, Donauwörth
ISBN 3-12-270070-0

9 783122 700706